पल्लव

पल्लव

श्री सुमित्रानन्दन पन्त

राजकमल प्रकाशन

ISBN : 978-81-267-1866-5

मूल्य : ₹ 695

पहला संस्करण : 1928
सोलहवाँ संस्करण : 2024

प्रकाशक : राजकमल प्रकाशन प्रा.लि.
1-बी, नेताजी सुभाष मार्ग, दरियागंज
नई दिल्ली-110 002
शाखाएँ : अशोक राजपथ, साइंस कॉलेज के सामने, पटना-800 006
पहली मंजिल, दरबारी बिल्डिंग, महात्मा गांधी मार्ग, प्रयागराज-211 001
1, अनमोल सोराबजी संतुक लेन, धोबी तलाव, मरीन लाइंस, मुम्बई-400 002
वेबसाइट : www.rajkamalprakashan.com
ई-मेल : info@rajkamalprakashan.com

मुद्रक : बी.के. ऑफसेट
नवीन शाहदरा, दिल्ली-110 032

PALLAV
Poems by Sumitranandan Pant

"जीर्ण जग के पतझड़ में प्रात
सजाती जो मधुऋतु की डाल
उसी का स्नेह स्पर्श अज्ञात
खिलाए मेरे पल्लव बाल !"

अनुक्रम

कालक्रमानुसार

पंक्ति-सूची

विज्ञापन

महाकवि कालिदास ने, रघुवंश के प्रारम्भ में, अपने लिए 'तितीर्षुर्दुस्तरं मोहादुडुपेनास्मि सागरम्' लिखकर, हम लोगों के लिए विनम्रता प्रदर्शन करने का द्वार एकदम ही बन्द कर दिया। और हिन्दी के कवियों ने महात्मा सूरदास के समय से जिस प्रकार—सूर से शशि, शशि से उडगन, उडगन से खद्योत—उन्नति का अटूट क्रम रखा है, उनके अनुसार भी हम लोग चमकीले रेत के कणों तथा बुझती हुई चिनगारियों से अवश्य ही कहीं आगे बढ़ गये होंगे। ऐसी दशा में समझ में नहीं आता कि अपने को प्रभात का टिमटिमाता तारा, दीपक का फूल, सील खायी हुई गन्धक की दियासलाई आदि क्या बतलाया जाय! अत: नम्रता दिखलाने को अपने लिए असंख्य बार अल्पाति लिखना, साहित्य की दृष्टि से, राम नाम प्रचार करने के लिए एक लक्ष राम नामों की पुस्तक छपवा कर बिना मूल्य वितरण करने के प्रयत्न के समान हास्यास्पद तथा व्यर्थ जान कर मैंने इस विषय में चुप रहना ही ठीक समझा; 'मौनं स्वीकृतिलक्षणम्' कहा भी है। मुझे आशा है कि वैज्ञानिक लोग शीघ्र ही अणु-परमाणुओं को और भी छोटे-छोटे खंडों में विभक्त कर, एवं 'अब के कवि' के लिए नवीन उपमा का आविष्कार कर, हिन्दी साहित्य को इस उपमा की परिक्षीणता (बैंकरप्सी) से उबारेंगे।

इसमें सन्देह नहीं कि अपनी वाणी को सजधज के साथ पुस्तक रूप में प्रकाशित होते देखकर मन में बड़ी प्रसन्नता होती है। ऐसे अवसर पर ज्ञान गंभीर मुद्रा बनाकर हृदय के इस बालोचित स्वभाव की ओर उपेक्षापूर्ण विरक्ति अथवा उदासीनता दिखलाना बड़ा कठोर जान पड़ता है। अतएव भीतर ही भीतर आनन्द को पीकर, होंठ पोंछकर लोगों के सामने निकलने की अधिक आवश्यकता न समझकर, मैं प्रसन्नतापूर्वक अपने इन 'पल्लवों' को हिन्दी के कर-पल्लवों में अर्पण करता हूँ। इन्हें मैं 'पत्रं पुष्पम्' नहीं कह सकता, ये केवल पल्लव हैं—

'न पत्रों का मर्मर संगीत,
न पष्पों का रस राग पराग!'

बालकों की तरह, कौतूहलवश, मैंने जो यह कागज़ की नाव साहित्य-समुद्र में छोड़ दी है, इसका मेरे चापल्य के सिवा और क्या कारण हो सकता है ? देखूँ, यह बड़ी-बड़ी नावों के बीच में कैसी लगती है ! गिरिधर कविराय की तरह इस 'नय्या मेरी तनिक-सी' को 'चहुँदिशि के भँवरों' का भय नहीं, यह तो अपने ही हलकेपन के कारण डूबने से बच जाएगी; न महापुरुषों के ही इसके पास आने की सम्भावना है, जो मुझे पाँव 'पखारने' की आवश्यकता पड़े। इसमें पार जाने की बात कैसी ? यह तो केवल मनोविनोद की वस्तु है। यदि वह भी न कर सकी तो फिर सोचूँगा। अस्तु—

'पल्लव' में मैंने १९१९ से १९२५ तक की, प्रत्येक वर्ष की दो-दो तीन-तीन कृतियाँ रख दी हैं, जिनमें से अधिकांश 'सरस्वती' तथा 'श्री शारदा' में समय-समय पर प्रकाशित हो चुकी हैं। प्रत्येक कविता के नीचे उनका रचना-काल—वर्ष तथा मास—दे दिया है। छाया, स्वप्न, बालापन, नक्षत्र, बादल, इन कविताओं में बीच में, एक-दो बार कहीं-कहीं परिवर्तन परिवर्धन भी हुआ है।

पुस्तक के आरम्भ में एक भूमिका भी जोड़ दी है, मेरी इच्छा थी उसमें 'काव्य कला' के आभ्यंतरिक रूप पर भी एक साधारण दृष्टिपात किया जाय; पर विस्तार भय से ऐसा न हो सका, काव्य के बाह्य रूप पर ही थोड़ा-बहुत लिखकर सन्तोष करना पड़ा।

मैंने अपनी रचनाओं में, कारणवश, जहाँ कहीं व्याकरण की लोहे की कड़ियाँ तोड़ी हैं, यहाँ कुछ उसके विषय में भी लिख देना उचित समझता हूँ। मुझे अर्थ के अनुसार ही शब्दों को स्त्रीलिंग पुल्लिग मानना अधिक उपयुक्त लगता है। जो शब्द केवल अकारांत इकारांत के अनुसार ही पुल्लिग अथवा स्त्रीलिंग हो गये हैं, और जिनमें लिंग का अर्थ के साथ सामंजस्य नहीं मिलता, उन शब्दों का ठीक-ठीक चित्र ही आँखों के सामने नहीं उतरता, और कविता में उनका प्रयोग करते समय कल्पना कुंठित-सी हो जाती है। वास्तव में जो शब्द स्वस्थ तथा परिपूर्ण क्षणों में बने हुए होते हैं उनमें भाव तथा स्वर का पूर्ण सामंजस्य मिलता है, और कविता में ऐसे ही शब्दों की आवश्यकता भी पड़ती है। मुझे तो ऐसा जान पड़ता है कि यदि संस्कृत का 'देवता' शब्द हिन्दी में आकर पुल्लिग न हो गया होता तो स्वयं देवता ही हिन्दी कविता के विरुद्ध हो गये होते।

'प्रभात' और प्रभात के पर्यायवाची शब्दों का चित्र मेरे सामने स्त्रीलिंग में ही आता है, चेष्टा करने पर भी मैं कविता में उनका प्रयोग पुल्लिग में नहीं कर सकता।

'सौ सौ साँसों में पत्रों की
उमड़ी हिमजल सस्मित भोर', के बदले
'उमड़ा हिमजल सस्मित भोर',—तथा
रुधिर से फूट पड़ी रुचिमान
पल्लवों की यह सजल प्रभात' के बदले
'रुधिर से फूट पड़ा रुचिमान
पल्लवों का यह सजल प्रभात',

इसी प्रकार अन्य स्थानों में भी 'प्रभात' आदि को पुल्लिग मान लेने पर मेरे सामने प्रभात का सारा जादू, स्वर्ण, श्री, सौरभ, सुकुमारता आदि नष्ट-भ्रष्ट हो जाते हैं, उनका चित्र ही नहीं उतरता।

'बूँद', 'कम्पन' आदि शब्दों को मैं उभय लिंगों में प्रयुक्त करता हूँ। जहाँ छोटी-सी बूँद हो वहाँ 'स्त्रीलिंग', जहाँ बड़ी हो वहाँ पुल्लिग; जहाँ हल्की-सी हृदय की कम्पन हो वहाँ 'स्त्रीलिंग'—जहाँ ज़ोर-ज़ोर से धड़कने का भाव हो वहाँ पुल्लिग।

'पल्लव' शीर्षक पहली ही कविता में 'मरुताकाश' समास आया है; मुझे 'मरुदाकाश' ऐसा लगा जैसे आकाश में धूल भर गई हो, या बादल घिर आए हों—स्वच्छ आकाश देखने ही को नहीं मिलता, इसलिए मैंने उसके बदले 'मरुताकाश' ही लिखना उचित समझा।

'बालिका मेरी मनोरम मित्र थी' के बदले '···मेरा मनोरम मित्र थी' लिखना मुझे श्रुतिमधुर नहीं लगता। इसी प्रकार—

'हा! मेरे बचपन से कितने
बिखर गये जग के शृंगार,
जिनकी अविकच दुर्बलता ही
थी उसकी शोभालंकार;
जिनकी निर्भयता विभूति थी,
सहज सरलता शिष्टाचार,
औ' जिनकी ग्रबोध पावनता
थी जग के मंगल की द्वार!

उपर्युक्त पद्य में 'शोभालंकार' तथा 'द्वार' का लिंग 'दुर्बलता' तथा 'पावनता' के अनुसार ही लेना मुझे श्रुतिमधुर जान पड़ता है; इसी प्रकार अन्यत्र भी।

कहीं-कहीं अन्त्यानुप्रास मिलाने के लिए आवश्यकतानुसार 'कण' 'गग' 'मरण' आदि णकारांत शब्दों को नकारांत कर दिया है। यथा—

'एक छवि के असंख्य उडगन
एक ही सब में स्पंदन !'

यहाँ दूसरा चरण पहले से छोटा होने के कारण 'उडगन' के 'न' पर दीर्घ काल तक स्वर ठहरता है, अतः 'न' के स्थान पर 'ण' रख देने से कर्कशता आ जाती है। पुनः

'अचिर में चिर का अन्वेषन
विश्व का तत्वपूर्ण दर्शन'

में 'अन्वेषन' के स्थान पर 'अन्वेषण' कर देने से दूसरा चरण फीका पड़ जाता है।

ऐसे ही 'कर दे मंत्रमुग्ध नत फन' में 'फण' का उद्धत 'ण' मंत्रमुग्ध हो विनम्र 'न' बन जाता है; और 'छेड़ कर शस्त्रों की झंकार' इस चरण की 'झंकार'; 'झींगुरों की झीनी झनकार' में 'भीनी' बनकर 'झनकार'; इसी प्रकार अन्यत्र भी। 'भौंहों' से मुझे 'भोंहों' में अधिक स्वाभाविकता मिलती है; 'भौंहें' ऐसी जान पड़ती हैं जैसे उनके काले-काले बाल क्रोध से कठोर रूप धारण कर खड़े हो गये हों। 'नवल कलियों के धोरे झूम' इस चरण में 'धोरे' शब्द प्रांतिक होने पर भी, उसके 'झूम' के धोरे आ जाने से भौंरे की गूंज अधिक स्पष्ट सुनाई पड़ती है, इसलिए उसका प्रयोग कर दिया है। अन्यत्र भी इसी प्रकार कहीं-कहीं मैंने शब्दों को अपनी आवश्यकतानुसार बदल लिया है। अंत में व्याकरण से अपनी इस ईडिओसिनक्रेसी (स्वभाव-वैषम्य) के लिए क्षमा प्रार्थना कर, मैं बिदा होता हूँ।

३ म्योर रोड, प्रयाग
१ मार्च १९२६

श्री सुमित्रानन्दन पन्त

प्रवेश

(क)

हिन्दी कविता की नीहारिका, संप्रति अपने प्रेमियों के तरुण उत्साह के तीव्र ताप से प्रगति पा, साहित्याकाश में अत्यन्त वेग से घूम रही है; समय-समय पर जो छोटे-मोटे तारक पिण्ड उससे टूट पड़ते हैं, वे अभी ऐसी शक्ति तथा प्रकाश संगृहीत नहीं कर पाए हैं कि अपनी ही ज्योति में अपने लिए नियमित पंथ खोज सकें, जिससे हमारे ज्योतिषी उनकी गतिविधि पर निश्चित सिद्धान्त निर्धारित कर लें; ऐसी दशा में कहा नहीं जा सकता कि यह अस्तव्यस्त केन्द्र परिधिहीन द्रवित वाष्प पिण्ड निकट भविष्य में किस स्वस्थ स्वरूप में घनीभूत होगा, कैसा आकार-प्रकार ग्रहण करेगा; हमारे सूर्य की कैसी प्रभा होगी, चाँद की कैसी सुधा; हमारे प्रभात में कितना सोना होगा, रात में कितनी चाँदी !

पर मनुष्य के ज्ञान का विकास पदार्थों की अज्ञात परिधि पर निर्भर न रह कर अपने ही परिचय के अन्तरिक्ष के भीतर परिपूर्णता प्राप्त करता जाता है; जब तक वह पृथ्वी की गोलाई तक नहीं पहुँचा था, वह उसे चिपटी मानकर भी चलता रहा, हम अपने प्रौढ़ पगों के लिए नहीं ठहरते, घुटनों के बल चलने के नियमों को सीखकर ही आगे बढ़ते हैं। सच तो यह कि हम भूमिका बाँधना नहीं छोड़ सकते।

अब ब्रजभाषा और खड़ी बोली के बीच जीवन-संग्राम का युग बीत गया, उन दिनों मैं साहित्य का ककहरा भी नहीं जानता था। उस सुकुमार मा के गर्भ से जो यह ओजस्विनी कन्या पैदा हुई है, आज सर्वत्र इसी की छटा है, इसकी वाणी में विद्युत् है। हिन्दी ने अब तुतलाना छोड़ दिया, वह 'पिय' को 'प्रिय' कहने लगी है। उसका किशोर कण्ठ फूट गया, अस्फुट अंग कट-छँट गए, उनकी अस्पष्टता में एक स्पष्ट स्वरूप की झलक आ गई; वक्ष विशाल तथा उन्नत हो गया; पदों की चंचलता दृष्टि में आ गई; वह विपुल विस्तृत हो गई; हृदय में नवीन भावनाएँ, नवीन कल्पनाएँ उठने लगीं, ज्ञान की परिधि बढ़ गई, चारों दिशाओं से त्रिविध समीर के झोंके उसके चित्त को

रोमांचित करने लगे, उसे चाँद में नवीन सौन्दर्य, मेघ में नवीन गर्जन सुनाई देने लगा। वह अज्ञात यौवन कलिका अब विकसित हो गई; प्रभात के सूर्य ने उसका उज्ज्वल मुख चूम, उसे अजस्र आशीर्वाद दे दिया, चारों ओर से भौंरे आकर उसे नव सन्देश सुनाने लगे; उसके सौरभ को वायुमण्डल इधर-उधर वहन करने लग गया, विश्वजननी प्रकृति ने उसके भाल पर स्वयं अपने हाथ से केशर का सुहाग टीका लगा दिया, उसके प्राणों में अक्षय मधु भर दिया है।

उस ब्रज की बाँसुरी में अमृत था, नन्दन की मधु ऋतु थी; उसमें रसिक श्याम के प्रेम की फूंक थी, उसके जादू से सूर सागर लहरा उठा, मिठास से तुलसी मानस* उमड़ चला। आज भी वह कुछ हाथों की तूंबी बनी हुई है, जो प्राचीन जीर्ण-शीर्ण खण्डहरों के टूटे-फूटे कोनों तथा गन्दे छिद्रों से दो-एक दन्तहीन बूढ़े साँपों को जगा, उनका अन्तिम जीवन-नृत्य दिखला, साहित्य की टोकरी भरने तथा प्रवीण कलाकुशल बाजीगर कहलाने की चेष्टा कर रहे हैं; दस बरस बाद, ये प्राणहीन केंचुलियाँ, शायद, इनके आँख झाड़ने के काम आएँगी। लेकिन यह अपवाद ही खड़ी बोली की विजय का प्रमाण है। अब भारत के कृष्ण ने मुरली छोड़ पांचजन्य उठा लिया; सुप्त देश की सुप्त वाणी जाग्रत हो उठी, खड़ी बोली उस जागृति की शंख ध्वनि है। ब्रज भाषा में नींद की मिठास थी, इसमें जागृति का स्पन्दन, उसमें रात्रि की अकर्मण्य स्वप्नमय ज्योत्स्ना, इसमें दिवस का सशब्द कार्यव्यग्र प्रकाश।

ब्रज भाषा के मोम में भक्ति का पवित्र चित्र, उसके माखन में शृंगार की कोमल करुण मूर्ति खूब उतरी है। वह सुख-सम्पन्न भारत के हृत्तन्त्री की झंकार है उसके स्वर में शान्ति, प्रेम, करुणा है। देश की तत्कालीन मानसिक और भौतिक शान्ति ही ब्रज भाषा के रूप में बदल गई। वह था सम्राट अकबर, जहाँगीर तथा शाहजहाँ का सुव्यवस्थित राज्यकाल; जिनकी निर्द्वन्द्व छत्रछाया में उनकी शान्तिप्रियता, कला-प्रेम तथा शासन प्रबन्ध रूपी विपुल खाद्य सामग्री पाकर चिरकाल से पीड़ित भारत एक बार फिर विविध ऐश्वर्यों में लहलहा उठा। राजा-महाराजाओं ने स्वयं अपने हाथों से संगीत, शिल्प, चित्र तथा काव्य-कला के मूलों को सींचा, कलाविदों को तरह-तरह से प्रोत्साहित किया। संगीत की आकाश लता अनन्त झंकारों में खिल-खिलकर समस्त वायुमण्डल में छा गई, मृग चरना भूल गये, मृगराज उन पर टूटना। तानसेन की सुधा

***ब्रज भाषा से मेरा अभिप्राय प्राचीन साहित्यिक हिन्दी से है, जिसमें 'अवधी' भी शामिल है।**

सिंचित राग-रागिनियाँ—जिन्हें कहीं शेषनाग सुन ले तो उसके सिर पर रक्खे हुए धरा मेरु डाँवाडोल हो जायें, इस भय से विधाता ने उसे कान नहीं दिये—अभी तक हमारे वसन्तोत्सव में कोकिलाओं के कण्ठों से मधुस्रवण करती हैं। शिल्प तथा चित्रकलाओं की पावस हरीतिमा ने सर्वत्र भीतर बाहर राजप्रासादों को लपेट लिया। चतुर चित्रकारों ने अपने चित्रों में भावों की सूक्ष्मता और सुकुमारता, सुरों की सजधज तथा सम्पूर्णता, जान पड़ता है, अपनी अनिमेष चितवन की अचंचल बरुनियों, अपने भाव मुग्ध हृदय के तन्मय रोओं से चित्रित की। शाहजादा दारा का 'अलबम' चित्रकारी के चमत्कार की चकाचौंध है। शिल्पकला के अनेक शतदल दिल्ली, लखनऊ, आगरा आदि शहरों में अपनी सम्पूर्णता तथा उत्कर्ष में अमर और अम्लान खड़े हैं; ताजमहल में मानो शिल्पकला ही गलाकर ढाल दी गयी।

देव, बिहारी, केशव आदि कवियों के अनिन्द्य पुष्पोद्यान अभी तक अपनी अमन्द सौरभ तथा अनन्त मधु से राशि-राशि भौंरों को मुग्ध कर रहे हैं:—यहाँ कूल, केलि, कछार, कुंजों में, सर्वत्र असुप्त वसन्त शोभित है। बीचोबीच बहती हुई नीली यमुना में, उसकी फेनोज्ज्वल चंचल तरंगों-सी, असंख्य सुकुमारियाँ श्याम के अनुराग में डूब रही हैं। वहाँ बिजली छिपे अभिसार करती, भौंरे सन्देश पहुँचाते, चाँद चिनगारियाँ बरसाता है। वहाँ छहों ऋतुएं कल्पना के बहुरंगी पंखों में उड़कर, स्वर्ग की अप्सराओं की तरह, उस नन्दन वन के चारों ओर अनवरत परिक्रमा कर रही हैं। उस "चन्द्रिकाधौतहर्म्या वसतिरलका" के आस-पास "आनन ओप उजास" से नित प्रति पूनो ही रहती है। चपला की चंचल डोरियों में पैंग भरते हुए नये बादलों के हिंडोरे पर झूलती हुई इन्द्रधनुष सुकुमारियाँ झरी की झमक और घटा की घमक में हिंडोरे की रमक मिला रही हैं। वहाँ सौन्दर्य अपनी ही सुकुमारता में अन्तर्धान हो रहा, समस्त नक्षत्र मण्डल उसके श्रीचरणों पर निछावर हो नखावलि बन गया, अलंकारों की झनक ने देह वीणा में फूटकर रूप को स्वर दे दिया है। वहाँ फूलों में काँटे नहीं, फूल ही विरह से सूखकर काँटों में बदल गये हैं;—यह कल्पना का अनिर्वचनीय इन्द्रजाल है, प्रेम की पलकों पर सौन्दर्य का स्वप्न है, मर्त्य के हृदय में स्वर्ग का बिम्ब है, मनोवेगों की अराजकता है। सच है, "पल-पल पर पलटन लगे जाके अंग अनूप" ऐसी उस ब्रज बाला के स्वरूप को कौन वर्णन कर सकता है ? उस माधुर्य की मेनका की कल्पना का अंचल छोर उसके उपासकों के श्वासोच्छ्वासों के चार वायु में उड़ता हुआ, नीलाकाश की तरह फैलकर, कभी आध्यात्मिकता के नीरव पुलिनों को भी स्पर्श कर आता है, पर कामना

के झोंके शीघ्र ही सौ-सौ हाथों से उसे खींच लेते हैं। वह ब्रज के दूध, दही और माखन से पूर्ण प्रस्फुटित यौवना अपनी बाह्य रूप राशि पर इतनी मुग्ध रहती है कि उसे अपने अन्तर्जगत के सौन्दर्य के उपभोग करने, उसकी ओर दृष्टिपात करने का अवकाश ही नहीं मिलता, निःसन्देह, उसका सौन्दर्य अपूर्व है, भाषातीत है,—यह उस युग का नन्दन कानन है! जहाँ सौन्दर्य की अप्सरा अपनी ही छवि की प्रभा में स्वच्छन्दतापूर्वक विहार करती है। अब हम उस युग का कैलास देखेंगे जहाँ सुन्दरता मूर्तिमती तपस्या बनी हुई, कामना की अग्नि परीक्षा में उत्तीर्ण हो, प्रेम की लोकोज्ज्वल कारिणी स्निग्ध चन्द्रिका में, संयम की स्थिर दीपशिखा-सी, शुद्ध एवं निष्कलुष सुशोभित है। वह उस युग का शत-शत ध्वनिपूर्ण कल्लोलों में विलोड़ित बाह्य स्वरूप है, यह उसका गम्भीर, निर्वाक् अन्तस्तल!

जिस प्रकार उस युग के स्वर्ण गर्भ से भौतिक सुख-शान्ति के स्थापक प्रसूत हुए, उसी प्रकार मानसिक सुख-शान्ति के शासक भी, जो प्रातःस्मरणीय पुरुष इतिहास के पृष्ठों पर रामानुज, रामानन्द, कबीर, महाप्रभु बल्लभाचार्य, नानक इत्यादि नामों से स्वर्णांकित हैं, इतिहास के ही नहीं, देश के हृत्पृष्ठ पर उनकी अक्षय अष्टछाप, उसकी सभ्यता के वक्ष पर उनका श्रीवत्स चिह्न अमिट और अमर है। इन्हीं युग प्रवर्तकों के गम्भीर अन्तस्तल से ईश्वरी अनुराग के अनन्त-उद्‌गार उमड़कर, देश के आकाश में घनाकार छा गये। ब्राह्मणों के शुष्क दर्शन तत्त्वों की ऊष्मा से नीरस, निष्क्रिय वायुमण्डल भक्ति के विशाल श्याम-घन से सरस तथा सजल हो गया; राम-कृष्ण के प्रेम की अखण्ड रसधाराओं ने, सौ-सौ बौछारों में बरस, भारत का हृदय प्लावित तथा उर्वर कर दिया। एक ओर सूरसागर भर गया, दूसरी ओर तुलसी मानस!

सीही के उस अन्तर्नयन सूर का सूरसागर? वह अतल, अकूल, अनन्त प्रेमाम्बुधि?—उसमें अमूल्य रत्न हैं! उसकी प्रत्येक तरंग श्याम की वंशी की भुवन मोहिनी तान पर नाचती, थिरकती, भक्तों के भूरि हृत्स्पन्दन से ताल मिलाती, मँझधार में पड़ी सौ-सौ पुरानी नावों को पार लगाती, असीम की ओर चली गयी है! वह भगवद्‌भक्ति के आनन्दाधिक्य का जल प्रलय है, जिसमें समस्त संसार निमग्न हो जाता है। वह ईश्वरीय प्रेम की पवित्र भूल-भुलैया है, जिसमें एक बार पैठकर बाहर निकलना कठिन हो जाता है। कुएँ में गिरे हुए को जदुपति भले ही बाँह पकड़कर निकाल सकें, पर जो एक बार "सागर" में डूब जाता है उसे सूर के श्याम भी बाहर नहीं खींच सकते! सूर सूर की वाणी! भारत के "हिरदै सों जब जाइ हौ मरद बदौंगो तोहि!"

और रामचरित मानस? उस "जायो कुल मंगन" का "रत्नावली" से ज्योतित मानस? उस—

"जन्म सिन्धु, पुनि बन्धु विष, दिन मलीन, सकलंक,

उन सन समता पाय किमि, चन्द्र वापुरो रंक"—"तुलसी शशी" की उज्ज्वल ज्योत्स्ना से परिपूर्ण मानस? वह हमारी सनातन धर्म-प्राण जातीयता का अविनश्वर सूक्ष्म शरीर है। भारतीय सभ्यता का विशाल आदर्श है जिसमें उसका सूर्योज्ज्वलमुख स्पष्ट दिखलाई पड़ता है। वह तुलसीदासजी के निर्मल मानस में अनन्त का अक्षय प्रतिबिम्ब है। उसकी सौ-सौ तारक चुम्बित सरल तरल बीचियों के ऊपर जो भक्ति का अमर सहस्रदल विकसित है, वह मर्यादापुरुषोत्तम की पवित्र पद रेणु से परिपूर्ण है! मानस इतिहास में महाकाव्य, महाकाव्य में इतिहास है। उस युग के ईश्वरीय अनुराग का नक्षत्रोज्ज्वल ताजमहल है, जिसमें श्री सीताराम की पुण्यस्मृति चिरन्तन सुप्ति में जाग्रत है।—ये दोनों काव्य रत्न भारती के अक्षय भण्डार के दो सिंह द्वार हैं, जो उस युग के भगवत्प्रेम की पवित्र धातु से ढाल दिये गये हैं।

जिन अन्य कवियों की पावन वाणी से ईश्वरानुराग का अवशिष्ट रस अनेक सरिता और निर्झरों के रूप में फूटकर ब्रज भाषा के साहित्य-समुद्र में भर गया, उनमें हम उस साखियों के सम्राट्, उस फूलों की देह के भगत कबीर साहब, उस लहरतारा के तालाब के गोत्र कुल हीन स्वर्ण पंकज, उस स्वर्गीय संगीत के जुलाहे के साथ—जिसने अपने सूक्ष्म ताने-बाने में गगन का "शबद अनाहद" बुन दिया—एकान्त में अपने गोपाल की मूर्ति से बातें करनेवाली उस मीरा को भी नहीं भूल सकते। वह भक्ति के तपोवन की शकुन्तला है, राजपूताने के मरुस्थल की मन्दाकिनी है! उसने वासना के विष को पीकर प्रेमामृत बना दिया है, उसने शब्दों में नहीं गाया, अपने प्रेमाधिक्य से भावना को ही वाणी के रूप में घनीभूत कर दिया, अरूप को स्वरूप दे दिया! —ऐसा था अपार उस युग के मधु का भण्डार, जिसने ब्रज भाषा के छत्ते को लबालब भर दिया, उस अमृत ने उस भाषा को अमर कर दिया, उस भाषा ने उस अमृत को सुलभ!

पर उस ब्रज के वन में झाड़-झंखाड़ करील बबूर भी बहुत हैं। उसके स्वर में दादुरों का बेसुरा आलाप, उसके कृमिल पंकिल गर्भ में जीर्ण अस्थिपंजर, रोड़े, सिवार और घोंघों की भी कमी नहीं। उसके बीचोबीच बहती हुई अमृत जाह्नवी के चारों ओर जो शुष्क कर्दममय बालुका तट है, उसमें विलास की मृगतृष्णा के पीछे भटके हुए अनेक कवियों के अस्पष्ट पदचिह्न, कालानिल

के झोंकों से बचे हुए, यत्र-तत्र बिखरे पड़े हैं। उस ब्रज की उर्वशी के दाहिने हाथ में अमृत का पात्र, और बायें में विष से परिपूर्ण कटोरा है, जो उस युग के नैतिक पतन से भरा छलछला रहा है। ओह, उस पुरानी गूदड़ी में असंख्य छिद्र, अपार संकीर्णताएँ हैं !

अधिकांश भक्त कवियों का समग्र जीवन मथुरा से गोकुल ही जाने में समाप्त हो गया। बीच में उन्हीं की संकीर्णता की यमुना पड़ गयी; कुछ किनारे पर रहे, कुछ उसी में बह गये; बड़े परिश्रम से कोई पार भी गये तो ब्रज से द्वारका तक पहुँच सके, संसार की सारी परिधि यहीं समाप्त हो गयी ! रूप के उस श्यामावरण के भीतर झाँक न सके, अनन्त नीलाकाश को एक छोटे से तालाब के प्रतिबिम्ब में बाँधने के प्रयत्न में स्वयं बँध गये। सहस्र दादुर उसमें छिपकर टर्राने लगे, समस्त वायुमण्डल घायल हो गया, यमुना की नीली-नीली लहरें काली पड़ गयीं। भक्ति के स्वर में भारत की जन्म-जन्मान्तर की सुप्त मूक आसक्ति बाधाविहीन बौछारों में बरसा दी ! ईश्वरानुराग की बाँसुरी अन्ध-बिलों में छिपे हुए वासना के विषधरों को छेड़-छेड़कर नचाने लगी। श्याम तथा राधा की खोज में, सौ-सौ यत्नों में लपेटी हुई देश की समस्त आबाल वृद्धाएँ नग्नप्राय कर, भारतीय गृहस्थ के बन्द द्वारों से बाहर निकाल दीं; उनके कभी इधर-उधर न भटकनेवाले सुकुमार पाँव संसार के सारे विषपूर्ण काँटों से जर्जरित कर दिये। गृहलक्ष्मियाँ दूतियाँ बन गयीं।

शृंगारप्रिय कवियों के लिए शेष रह ही क्या गया ? उनकी अपरिमेय कल्पनाशक्ति कामना के हाथों द्रौपदी के दुकूल की तरह फैलकर 'नायिका' के अंग-प्रत्यंग से लिपट गयी। बाल्यकाल से वृद्धावस्था पर्यन्त—जब तक कोई 'चन्द्रवदनि मृगलोचनी' तरस खाकर, उनसे 'बाबा' न कह दे, —उनकी रस-लोलुप सूक्ष्मतम दृष्टि केवल नख से शिख तक, दक्षिणी ध्रुव से उत्तरी ध्रुव तक, यात्रा कर सकी ! ऐसी विश्वव्यापी अनुभूति ! ऐसी प्रखर प्रतिभा ! एक ही शरीरयष्टि में समस्त ब्रह्माण्ड देख लिया ! अब इनकी अक्षय कीर्ति काया को जरामरण का भय ? क्या इनकी 'नायिका,' जिसके वीक्षण मात्र से इनकी कल्पना तिलक की डाल की तरह खिल उठती थी, अपने सत्यवान को काल के मुख से न लौटा लायेगी ?

इसी विराट् रूप का दर्शन कर ये पुष्प धनुषधर कवि रति के महाभारत में विजयी हुए। समस्त देश की वासना के बीभत्स समुद्र को मथकर इन्होंने कामदेव को नव जन्म दान दे दिया, वह अब सहज ही भस्म हो सकता है ? इन वीरों ने ऐसा सम्मोहनास्त्र देश के आकाश में छोड़ा कि सारा संसार

कामिनीमय हो गया ! 'एक के भीतर बीस' डिब्बेवाले खिलौने की तरह, एक ही के अन्दर सहस्र नायिकाओं के स्वरूप दिखला दिये । सारे देश को, जादू के बल से, कामना के चमकीले पारे से मढ़े हुए कच्चे काँच के टुकड़ों का एक ऐसा विचित्र अजायब घर, 'सब जग जीतन को' काम का ऐसा 'काय व्यूह शीशमहल' बना दिया कि आर्य नारी की एकनिष्ठ, निश्चल, पवित्र प्रतिमा वासनाओं के असंख्य रंग-बिरंगे बिम्बों में बदल गयी,— जिनकी भूलभुलैया में फँसकर, देश के लिए अपनी सरल सुशील सती को पहचानना कठिन हो गया !

और इनकी वियोग वह्नि ने क्या किया ? इनकी और्व के नेत्रों की ज्वाला सी आह ने ? देश की प्राणसंचारिणी, शक्ति संजीवनी वायु को ग्रीष्म की प्रचण्ड लू में बदल दिया ! सकल सद्‌भावनाओं के सुकुमार पौधे जलकर छार हो गये; शान्ति, सुख, स्वास्थ्य, सदाचार सब भस्म हो गये; पवित्र प्रेम का चन्दन पंक सूख गया; भारत का मानस भी दरक गया; और उसकी सती इन कवियों की नुकीली लेखनी से उस गहरी खुदी हुई दरार में समा गयी; शक्ति की कमर खो गयी, समस्त दुर्बलता का नाम अबला पड़ गया ।

ऐसी थी इनकी बीभत्स, विकारग्रस्त विलासपुरी ! और इनकी भाषालंकारिता ? जिसकी रंगीन डोरियों में वह कविता का हैंगिंग गार्डन—वह विश्व वैचित्र्य झूलता है, जिसके हृत्पट पर वह चित्रित है ?

बहत्तर ग्रन्थों के रचयिता, 'नभ मण्डल' के समान देव ; 'देखन के छोटे लगें घाव करें गम्भीर' तीर छोड़नेवाले कुसुमायुध बिहारी, जिन्हें 'तरुनाई आई सुखद बसि मथुरा सुसराल'; रामचन्द्रिका के इक्कीस पाठ कर मुक्त होने वाले, कठिन काव्य के प्रेत, पिंगलाचार्य, भाषा के मिल्टन, उडगन केशवदास जी, तथा जहाँ-तहाँ प्रकाश करनेवाले मतिराम, पद्माकर, बेनी, रसखान आदि—जितने नाम आप जानते हों, और इन साहित्य के मालियों में से जिसकी विलास बाटिका में भी आप प्रवेश करें, सबमें अधिकतर वही कदली के स्तम्भ, कमल नाल, दाड़िम के बीज, शुक, पिक, खंजन, शंख, पद्म, सर्प, सिंह, मृग, चन्द्र; चार आँखें होना, कटाक्ष करना, आह छोड़ना, रोमांचित होना, दूत भेजना, कराहना, मूर्छित होना, स्वप्न देखना, अभिसार करना;—बस इसके सिवा और कुछ नहीं ! सबकी बावड़ियों में कुत्सित प्रेम का फुहारा शत-शत रसधारों में फूट रहा है; सीढ़ियों पर एक अप्सरा जल भरती या स्नान करती है, कभी एक संग रपट पड़ती, कभी नीर भरी गगरी ढरका देती है ! बीथियों में पराई पीर न जाननेवाली स्वच्छन्द दूती विचर रही है, जिसका 'धूतपन' वापी नहाने का बहाना करने पर भी स्वेद की अधिकाई तथा पीक-

लीक की ललाई के कारण प्रकट हो ही जाता है; कुंजों से उद्दाम यौवन की दुर्गन्ध आ रही है, जिनके सघन पत्रों के झरोखों से 'दीरघ दृग' प्रीतम की बाट में दौड़ लगा रहे हैं।

भाव और भाषा का ऐसा शुक प्रयोग, राग और छन्दों की ऐसी एक स्वर रिमझिम, उपमा तथा उत्प्रेक्षाओं की ऐसी दादुरावृत्ति, अनुप्रास एवं तुकों की ऐसी अश्रान्त उपल वृष्टि क्या संसार के और किसी साहित्य में मिल सकती है? घन की घहर, भेकी की भहर, झिल्ली की झहर, बिजली की बहर, मोर की कहर, समस्त संगीत तुक की एक ही नहर में बहा दिया। और बेचारे औपकायन की बेटी उपमा को तो बाँध ही दिया!—आँख की उपमा? खंजन, मृग, कंज, मीन इत्यादि; होंठों की? किसलय, प्रबाल, लाल, लाख इत्यादि; और इन धुरन्धर साहित्याचार्यों की? शुक, दादुर, ग्रामोफ़ोन इत्यादि। ब्रज भाषा के उन्नत भाल में इन कविवरों की लालसा के साँप, इनकी उपमाओं के शाप-भ्रष्ट नहुष, उसके कोमल वक्ष में इनके अत्याचार के नख क्षत, उसके सुकुमार अंगों में इनकी वासना का, विरहाग्नि का असह्य ताप सदा के लिए बना रहेगा! उसकी उदार छाती पर इन्होंने पहाड़ रख दिया! ऐसा किमाकार रूप उस युग के आदर्श ने ग्रहण किया कि यदि काल ही अगस्त्य की तरह उसका शिखर भू लुण्ठित न कर देता तो उस युग की उच्छृंखलता के विन्ध्य ने, मेरु का स्वरूप धारण करने की चेष्टा में, हमारे 'सूर', 'शशि' की प्रभा को भी पास आने से रोक लिया होता!

इस तीन फुट के नखशिख के संसार से बाहर ये कवि पुंगव नहीं जा सके। हास्य, अद्भुत, भयानक आदि रसों के तो लेखनी को,—नायिका के अंगों को चाटते-चाटते, रूप की मिठास से बँध रहे मुँह को खोलने, खखारने के लिए—कभी-कभी कुल्ले मात्र करा दिये हैं। और वीर तथा रौद्र रस की कविता लिखने के समय तो ब्रज भाषा की लेखनी भय के मारे जैसे हकलाने लगती है। दो-एक भूषणादि रसावतारों को, जिन्हें मूँछों पर हाथ फिरवा देने का दावा रहा है, जिन्होंने एक लाख रुपये के नोंन की तीव्रता शायद अपनी कविता ही में भर दी, और जिनका हृदय 'सस्सस्सुन धुन' जज्जज्जकि जन, डड्डुरि हिय, 'धद्धद्धड़कत' इत्यादि अनुप्रासों के कम्पज्वर की उच्छृंखल बड़बड़ाहट को सुनकर 'धद्धद्धड़कने' लगा, अपनी वीर गर्भा कविता के कवच में इधर-उधर से कड़ी कड़ियाँ छानबीन कर लगानी पड़ीं।

यह है केवल दिग्दर्शन मात्र, नयन चित्र मात्र। यह अस्वाभाविक नहीं कि उस तीन-चार शताब्दियों के ओर-छोर व्यापी विशाल युग का संक्षिप्त सिंहाव-

लोकन मात्र करने में मुझसे उसके स्वर्ण सिंहासनासीन भारती के पुत्र-रत्नों के अमर सम्मान की यथेष्ट रक्षा न हो सकी हो; पर मेरा उद्देश्य, केवल, ब्रज भाषा के अलंकृत काल के अन्तर्देश में अन्तर्हित उस काव्यादर्श के बृहत् चुम्बक की ओर इंगित भर कर देने का रहा है, जिसकी ओर आकर्षित होकर उस युग की अधिकांश शक्ति तथा चेष्टाएँ, काव्य की धाराओं के रूप में प्रवाहित हुई हैं। यह लिखने की आवश्यकता नहीं कि उस युग की वाणी में जो कुछ सुन्दर, सत्य तथा शाश्वत है उसका जीर्णोद्धार कर, उस पर प्रकाश डाल, तथा उसे हिन्दी प्रेमियों के लिए सुलभ तथा सुगम बना, हमें उसका घर-घर प्रचार करना चाहिए। जो ज्ञानवृद्ध, वयोवृद्ध, काव्यमर्मज्ञ उस ओर झुके हैं उनके ऋण से हिन्दी कभी मुक्त नहीं हो सकेगी।

× × ×

ब्रज भाषा की उपत्यका में, उसकी स्निग्ध अंचल छाया में, सौन्दर्य का काश्मीर भले ही बसाया जा सके, जहाँ चाँदनी के झरने राशि-राशि मोती बिखराते हों, विहग कुल का कलरव द्यावापृथ्वी को स्वर के तारों से गूँथ देता हो, सहस्र रंगों की पुष्प शय्या पर कल्पना का इन्द्रधनुष अर्ध प्रसुप्त पड़ा हो, जहाँ सौन्दर्य की वासन्ती नन्दन वन स्वप्न देखती हो,—पर उसका वक्षःस्थल इतना विशाल नहीं कि उसमें पूर्वी तथा पश्चिमी गोलार्ध; जल स्थल, अनिल, आकाश, ज्योति अन्धकार, वन पर्वत, नदी घाटी, नहर खाड़ी; द्वीप उपनिवेश; उत्तरी ध्रुव से दक्षिणी ध्रुव तक का प्राकृतिक सौन्दर्य, उष्ण शीत प्रधान देशों के वनस्पति वृक्ष, पुष्प-पौधे, पशु-पक्षी; विविध प्रदेशों की जलवायु, आचार व्यवहार,—जिसके शब्दों में वात उत्पात, वह्नि-बाढ़, उल्का-भूकम्प सब कुछ समा सके, बाँधा जा सके; जिसके पृष्ठों पर मानव जाति की सभ्यता का उत्थान-पतन, वृद्धि-विनाश, आवर्तन-विवर्तन, नूतन-पुरातन सब कुछ चित्रित हो सके; जिसकी अलमारियों में दर्शन, विज्ञान, इतिहास, भूगोल, राजनीति, समाजनीति, कला-कौशल, कथा-कहानी, काव्य-नाटक सब कुछ सजाया जा सके।

हमें भाषा नहीं, राष्ट्र भाषा की आवश्यकता है; पुस्तकों की नहीं, मनुष्यों की भाषा; जिसमें हम हँसते-रोते, खेलते-कूदते, लड़ते, गले मिलते, साँस लेते और रहते हैं, जो हमारे देश की मानसिक दशा का मुख दिखलाने के लिए आदर्श हो सके; जो कालानिल के ऊँच-नीच, ऋजु-कुंचित, कोमल-कठोर घात-प्रतिघातों की ताल पर विशाल समुद्र की तरह शत-शत स्पष्ट स्वरूपों में तरंगित कल्लोलित हो, आलोड़ित-विलोड़ित हो, हँसती-गरजती, चढ़ती-गिरती, संकुचित प्रसारित होती, हमारे हर्ष-रुदन, विजय पराभव; चीत्कार, किलकार,

सन्धि-संग्राम को प्रतिध्वनित कर सके, उसमें स्वर भर सके।

यह अत्यन्त हास्यजनक तथा लज्जास्पद हेत्वाभास है कि हम सोचें एक स्वर में, प्रकट करें उसे दूसरे में; हमारे मन की वाणी मुँह की वाणी न हो; हमारे गद्य का कोष भिन्न, पद्य का भिन्न हो; हमारी आत्मा के सा रे ग म पृथक् हों, वाद्ययन्त्र के पृथक्; हमारी भाव तन्त्री तथा शब्द तन्त्री के स्वरों में मेल न हो; मूर्धन्य 'ष' की तरह हमारे साहित्य का हृदय, देश की आत्मा, एक कृत्रिम दीवार देकर दो भागों में बाँट दी जाय! हम इस ब्रज की जीर्ण-शीर्ण छिद्रों से भरी, पुरानी छींट की चोली को नहीं चाहते, इसकी संकीर्ण कारा में बन्दी हो हमारी आत्मा वायु की न्यूनता के कारण सिसक उठती है, हमारे शरीर का विकास रुक जाता है। हमें यह पुराने फैशन की मिस्सी पसन्द नहीं, जिससे हमारी हँसी की स्वाभाविक उज्ज्वलता रंग जाती, फीकी और मलिन पड़ जाती है। यह बिलकुल आउट आफ् डेट हो गई है! यह नकाब पहना हुआ हास्यप्रद चेहरों का नाच हमारी सभ्यता के प्रतिकूल है। हमारे विचार अपने ही समय के चरखे में कते-बुने, अपनी ही इच्छा के रंग में रंगे वस्त्र चाहते हैं, चाहे वे मोटे और खुरदुरे ही क्यों न हों, इसी में हमारे वाणिज्य व्यवसाय, कला-कौशल की कुशलक्षेम है, कल्याण है। हमारे युग की रम्भा अपने नवीन नूपुर नृत्य के जो मधुर मुखरित अविरत पदचिह्न हमारे देश के वक्षःस्थल पर छोड़ रही है, उन्हें अपने ही हृत्स्पन्दन में प्रतिध्वनित करने के बदले, हम ब्रज के मधुमल के कृत्रिम साँचे में अंकित करना नहीं चाहते। हमें देश काल की उपेक्षा करनेवाले, अपने राष्ट्र के भाग्य विधाता के विरुद्ध खड़े झाड़ झंखाड़मय नवीन कुरूप सृष्टि करनेवाले इन ब्रज भाषा के महर्षि विश्वामित्रों से सहानुभूति नहीं; इनकी प्राचीन ब्रज भाषा की काशी, हमारे संसार से बाहर, इन्हीं की अहंमन्यता के त्रिशूल पर अटकी रहे, वह हमारा तीर्थ नहीं हो सकती; उसकी अन्धी गलियों में आधुनिक सभ्यता का विशद यान नहीं जा सकता; काल की त्रिवेणी में—जहाँ वर्तमान की उज्ज्वल जाह्नवी तथा भविष्य की अस्पष्ट नीली यमुना का विशाल संगम है—भूत की सरस्वती का मिलकर लुप्त हो जाना ही स्वाभाविक है!

खड़ी बोली में चाहे ब्रज भाषा की श्रेष्ठतम इमारतों के होड़ जोड़ की अभी कोई इमारत भले ही न हो, उसके मन्दिरों में वैसी बेल बूटेदार मीनाकारी तथा पच्चीकारी, उसकी गुहाओं में अजन्ता का सा अद्भुत अध्यवसाय, चमत्कार, विविध वर्णों की मैत्री, तथा अपूर्व हस्त-कौशल, उसकी छोटी-मोटी, इस पत्थर के काल की मूर्तियों में, वह सूक्ष्मता, सजधज, निपुणता अथवा परि-

पूर्णता न मिले; उसमें अभी मानस के से पवित्र घाटों का अभाव हो,—पर उसके राजपथों में जो विस्तार और व्यापकता, भिन्न-भिन्न स्थानों को आने जानेवाले यात्रियों के लिए जो रथ तथा यानों के सुप्रबन्ध की ओर चेष्टा; उसकी हाट-बाट विपणियों में जो वस्तु-वैचित्र्य, वर्ण-वैचित्र्य, विषय तथा विन्यास वैचित्र्य का आयोजन है, देश प्रदेशों के उपभोग्य पदार्थों के विनियम तथा क्रय-विक्रय को सुलभ करने का जो प्रयत्न किया जा रहा है; उसके पार्कों में जो नवीनता, आधुनिकता, विपुलता, पुष्पों की भिन्न-भिन्न ढाँचों में खिली वर्तुलाकार, आयताकार, मीनाकार, वर्गाकार रंग-बिरंगी क्यारियाँ, सामयिक रुचि की कैंची से कटी-छँटी जो विविध स्वरूपों की झाड़ियाँ, गुल्म, वृक्षावलियाँ; नव-नव आकार-प्रकारों में विकसित तथा सिंचित कुंज, लता-भवन और बेलि वितान अभी हैं वे असन्तोषप्रद नहीं; उसमें नये हाथों का प्रयत्न, जीवित साँसों का स्पन्दन, आधुनिक इच्छाओं के अंकुर, वर्तमान के पद-चिह्न, भूत की चेतावनी, भविष्य की आशा, अथच नवीन युग की नवीन सृष्टि का समावेश है। उसमें नये कटाक्ष, नये रोमांच, नये स्वप्न, नया हास, नया रुदन, नया हृत्कम्पन, नवीन वसन्त, नवीन कोकिलाओं का गान है !

इन बीस-पच्चीस बरसों के छोटे-से बित्ते में खड़ी बोली की कविता के मूल देश के हृदय में कितने गहरे चले गये; उसकी शाखा-प्रशाखाएँ चारों ओर फैलकर हमारी खिड़कियों से धीरे-धीरे किस तरह भीतर झाँकने लगीं; किस तरह वायु के झोंकों के साथ उसके राशि-राशि पुष्पों की अर्धस्फुट सौरभ हमारे कमरों में समाने, साँसों के साथ हृदय में प्रवेश करने लगी, उसकी सघन हरीतिमा के नीड़ों में छिपे कितने पक्षी, बाल कोकिलाएँ, तरुण पपीहे, तथा प्रौढ़ शुक, सहस्र स्वरों में चहचहाने तथा सुधावर्षण करने लगे, उसके पत्र हिल-हिलकर किस तरह हमारी ओर संकेत करने लगे, उनकी अस्फुट मर्मर में हमें अपनी विश्वव्यापी उत्थान, पतन, देशव्यापी आशा-निराशा, घट-घटव्यापी हर्ष विषाद की, वर्तमान के मनोवेगों, भविष्य की प्रवृत्तियों की कैसी सहज प्रतिध्वनि मिलने लगी है, यह दिवस की ज्योति से भी स्पष्ट है; इसके लिए दर्पण की आवश्यकता नहीं।

खड़ी बोली आगे की सुवर्णाशा है, उसकी बाल कला में भावी की लोकोज्ज्वल पूर्णिमा छिपी है। वह हमारे भविष्याकाश की स्वर्गंगा है, जिसके अस्पष्ट ज्योतिपुञ्ज में, न जाने, कितने जाज्वल्यमान सूर्य शशि, असंख्य ग्रह-उपग्रह अमन्द नक्षत्र तथा अनिन्द्य लावण्य लोक अन्तर्हित हैं ! वह समस्त भारत की हृत्कम्पन है, देश की शिरोपशिराओं में नवजीवन सञ्चारिणी संजीवनी

है; वह हमारे भगीरथ प्रयत्नों से अर्जित, भारत के भाग्य विधाता की वरदान स्वरूप, विश्व कवि के हृत्कमण्डलु से निःसृत अमृत स्वरों की जाह्नवी है, जिसने सुप्त देश के कर्ण कुहर में प्रवेश कर उसे जगा दिया; जिसकी विशाल धारा में हमारे राष्ट्र का विशद स्वर्णयान, आर्य जाति के गौरव का अभ्रभेदी मस्तूल ऊँचा किये, धर्म और ज्ञान की निर्मल पालों को फहराता हुआ, अपनी सूर्योज्ज्वल आध्यात्मिकता, चन्द्रिकोज्ज्वल कलाकौशल, तथा नीतिविज्ञान की विपुल रत्न राशियों से सुसज्जित, बाधा-बन्धनों की तरंगों को काटता, दिव्य विहंगम की तरह क्षिप्र वेग से उड़ता हुआ, संसार के विशाल सागर संगम की ओर अग्रसर हो रहा है! उसके चारों ओर शीघ्र ही हमारे धर्म के पुण्य तीर्थ तथा पवित्राश्रम स्थापित हों, हमारी सभ्यता के नवीन नगर तथा पुर केन्द्रित हों!

(ख)

भाषा संसार का नादमय चित्र है, ध्वनिमय स्वरूप है। यह विश्व के हृत्तन्त्री की झंकार है, जिसके स्वर में वह अभिव्यक्ति पाता है। विश्व की सभ्यता के विकास तथा ह्रास के साथ वाणी का भी युगपत् विकास तथा ह्रास होता है। भिन्न-भिन्न भाषाओं की विशेषताएँ, भिन्न-भिन्न जातियों तथा देश की सभ्यताओं की विशेषताएँ हैं। संस्कृत की देव वीणा में जो आध्यात्मिक संगीत की परिपूर्णता है वह संसार की अन्य शब्द-तन्त्रियों में नहीं; और पाश्चात्य साहित्य के विशद यन्त्रालय में जो विज्ञान के कल-पुर्जों की विचित्रता, बारीकी तथा सजधज है, वह हमारे भारती भवन में नहीं।

प्रत्येक युग की विशेषता भी संसार की वाणी पर अपनी छाप छोड़ जाती है। एक नित्य सत्य है, एक अनित्य; अनित्य सत्य के क्षणिक पदचिह्न संसार की सभ्यता के राजपथ पर बदलते जाते; पुराने मिटते, नवीन उनके स्थान पर स्थापित होते रहते हैं। नित्य सत्य उसके शिलालेखों में गहरा अंकित हो जाता है, उसे कालानिल के झोंके नहीं मिटा सकते। प्रत्येक युग इस अखण्डनीय सत्य के अपरिमेय वृत्त का एक छोटा-सा खण्ड मात्र, इस अनन्त सिन्धु की एक स्वल्प तरंग मात्र है, जिसका अपना विशेष स्वरूप, विशेष आकार-प्रकार, विशेष विस्तार एवं विशेष ऊँचाई होती है; जो अपने सद्यःस्वर में सनातन सत्य के एक विशेष अंश को वाणी देता है। वही नाद उस युग के वायुमण्डल में गूँज उठता, उसकी हृत्तन्त्री से नवीन छन्दों तालों में, नवीन रागों-स्वरों में प्रतिध्वनित हो उठता; नवीन युग अपने लिए नवीन वाणी, नवीन जीवन, नवीन रहस्य, नवीन स्पन्दन कम्पन, तथा नवीन साहित्य ले आता, और पुराना जीर्ण पतझड़ इस नवजात वसन्त के लिए बीज तथा खाद स्वरूप बन जाता है। नूतन युग संसार

की शब्द तन्त्री में नूतन ठाठ जमा देता, उसका विन्यास बदल जाता; नवीन युग की नवीन आकांक्षाओं, क्रियाओं, नवीन इच्छाओं के अनुसार उसकी वीणा से नये गीत, नये छन्द, नये राग, नयी रागिनियाँ, नयी कल्पनाएँ तथा भावनाएँ फूटने लगती हैं।

इस प्रकार भाषा का कुछ परिवर्तनशील अंश उसके लिए खाद्य-सामग्री बन, भारती की नाड़ियों में नवीन रक्त का संचार, हृदय में नवीन स्फूर्ति तथा स्पन्दन पैदा कर, उसके शरीर को सुन्दर, शुद्ध, विकसित तथा पुष्ट बनाता रहता है। यह अचिर अंश हमारे हृद्गत संस्कारों, विचारों, हमारी प्रवृत्तियों, मनोवेगों, हमारी इन्द्रियों तथा दैनिक क्रिया कम्पनों से ऐसा एकाकार हो जाता, इतनी अधिक प्रीति तथा घनिष्ठता स्थापित कर लेता है कि वास्तव में जो अतिविश्वास मात्र है उससे हम अपने को पृथक् नहीं कर सकते, वह हमारा जीवन ही बन जाता, हमारे प्राणों का स्पन्दन उसी की लय में ध्वनित होने लगता, दोनों अभिन्न तथा अभेद्य हो जाते हैं।

हिन्दी के जिन वयोवृद्ध आचार्यों को ब्रज भाषा ही में काव्योचित माधुर्य मिलता है, जो खड़ीबोली को काव्य की भाषा का स्थान देने में भी सशंकित रहते हैं, उसका मुख्य कारण उनके यही हृद्गत संस्कार हैं, जिनसे उसकी रुचि का रक्त बन चुका, जो उनके भाव-अनुभावों की स्थूल-सूक्ष्म नाड़ियों में प्रवाहित होकर, उनके आदर्श को अपने रंग में रँग चुके, अपने स्वर में गढ़ चुके हैं। मुझे तो उस तीन-चार सौ वर्षों की वृद्धा के शब्द बिलकुल रक्त मांस-हीन लगते हैं; जैसे भारती की वीणा की झंकारें बीमार पड़ गयी हों, उसके उपवन के लहलहे फूल मुरझा गये हों; जैसे साहित्याकाश का 'तरणि', ग्रहण लग जाने से निष्प्रभ 'तरनि' बन गया हो; भाषा के 'प्राण' चिरकाल से क्षय रोग से पीड़ित तथा निःशक्त होकर अब 'प्रान' कहे जाने योग्य रह गये हों। 'पत्थर' जैसे ज्वालामुखी के उदर में दग्ध हो जाने से अपने ओजपूर्ण कोनों को खोकर, गल, घिसकर 'पाहन' बन गये हों। खड़ीबोली का 'स्थान' मुझे साफ़-सुथरा, निवास के उपयुक्त जान पड़ता है; और 'थान' जैसे बहुत दिनों से लिपा-पुता न हो, श्रीहीन, बिछाली बिछा हुआ, ढोरों के रहने योग्य; वैसे ही ब्रजभाषा की क्रियाएँ भी—'कहत' 'लहत' 'हरहु' 'भरहु'—ऐसी लगती हैं, जैसे शीत या किसी अन्य कारण से मुँह की पेशियाँ ठिठुर गयी हों, अच्छी तरह खुलती न हों, अतः स्पष्ट उच्चारण करते न बनता हो; पर यह सब खड़ीबोली के शब्दों को सुनने, पढ़ने, उनके स्वर में सोचने आदि का अभ्यास पड़ जाने से।

भाषा का, और मुख्यतः कविता की भाषा का, प्राण राग है। राग ही

के पंखों की अबाध उन्मुक्त उड़ान में लयमान होकर कविता सान्त को अनन्त से मिलाती है। राग ध्वनि लोक निवासी शब्दों के हृदय में परस्पर स्नेह तथा ममता का सम्बन्ध स्थापित करता है। संसार के पृथक्-पृथक् पदार्थ पृथक्-पृथक् ध्वनियों के चित्र मात्र हैं। समस्त ब्रह्माण्ड के रोओं में व्याप्त यही राग, उसकी शिरोपशिराओं में प्रधावित हो. अनेकता में एकता का संचार करता; यही विश्व वीणा के अगणित तारों से जीवन की अँगुलियों के कोमल-कर्कश घात-प्रतिघातों, लघु-गुरु सम्पर्कों, ऊँच-नीच प्रहारों से अनन्त झंकारों असंख्य स्वरों में फूटकर हमारे चारों ओर आनन्दाकाश के स्वरूप में व्याप्त हो जाता; यही संसार के मानस समुद्र में अनेकानेक इच्छाओं, आकांक्षाओं, भावनाओं, कल्पनाओं की तरंगों में प्रतिफलित हो, सौन्दर्य के सौ-सौ स्वरूपों में अभिव्यक्ति पाता है। प्रेम के अक्षय मधु में सने, सृजन के बीजरूप पराग से परिपूर्ण संसार के मानस शतदल के चारों ओर यह चिर असुप्त स्वर्ण भृंग एक अनन्त गुञ्जार में मँडराता रहता है।

राग का अर्थ आकर्षण है; यह वह शक्ति है जिसके विद्युत्स्पर्श से खिचकर हम शब्दों की आत्मा तक पहुँचते हैं; हमारा हृदय उनके हृदय में प्रवेश कर एक भाव हो जाता है। प्रत्येक शब्द एक संकेत मात्र, इस विश्वव्यापी संगीत की अस्फुट झंकार मात्र है। जिस प्रकार समग्र पदार्थ एक-दूसरे पर अवलम्बित हैं, ऋणानुबन्ध हैं, उसी प्रकार शब्द भी; ये सब एक विराट् परिवार के प्राणी हैं। इनका आपस का सम्बन्ध, सहानुभूति, अनुराग-विराग जान लेना, कहाँ कब एक की साड़ी का छोर उड़कर दूसरे का हृदय रोमांचित कर देता, कैसे एक की ईर्ष्या अथवा क्रोध दूसरे का विनाश करता, कैसे फिर दूसरा बदला लेता, कैसे ये गले लगते, बिछुड़ते; कैसे जन्मोत्सव मनाते तथा एक दूसरे की मृत्यु से शोकाकुल होते,—इनकी पारस्परिक पीति, मैत्री, शत्रुता तथा वैमनस्य का पता लगा लेना क्या आसान है ? प्रत्येक शब्द एक-एक कविता हैं; लक्ष और मल द्वीप की तरह कविता भी अपने बनाने वाले शब्दों की कविता को खा-खाकर जनती है।

जिस प्रकार शब्द एक ओर व्याकरण के कठिन नियमों से बद्ध होते, उसी प्रकार दूसरी ओर राग के आकाश में पक्षियों की तरह स्वतन्त्र भी होते हैं। जहाँ राग की उन्मुक्त स्नेहशीलता तथा व्याकरण की नियमवश्यता में सामंजस्य रहता है, वहाँ कोमल मा तथा कठोर पिता के घर में लालित-पालित सन्तान की तरह, शब्दों का भरण-पोषण, अंग-विन्यास तथा मनोविकास स्वाभाविक और यथेष्ट रीति से होता है। कौन जानता है, कब कहाँ और किस

नदी के किनारे, न जाने कौन, एक दिन साँझ या सुबह के समय वायु का सेवन कर रहा था; शायद बरसात बीत गयी थी, शरद की निर्मलता कलरव की लहरों में उच्छ्वसित हो, न जाने, किस ओर बह रही थी! अचानक, एक अप्सरा जल से बाहर निकल, मुँह से रेशमी घूंघट हटा, अपने सुनहले पंख फैला, क्षण भर चंचल लहरों की ताल पर मधुर नृत्य कर, अन्तर्धान हो गयी! जैसे उस परिस्फुट यौवना सरिता ने अपने मीन लोचन से कटाक्षपात किया हो! तब मीन आँखों का उपमान भी न बना होगा; न जाने, हर्ष तथा विस्मयातिरेक से किस अज्ञात कवि के हृदय से क्या कुछ निकल पड़ा—'मत्स्य!' उस कवि का समस्त आनन्द, आश्चर्य, भय, प्रेम, रोमांच तथा सौन्दर्यानुभूति जैसे सहसा 'मत्स्य' शब्द के रूप में प्रतिध्वनित तथा संगृहीत हो साकार बन गयी। अब भी यह शब्द उसी चटुल मछली की तरह पानी में छप्-छप् शब्द करता हुआ, एक बार क्षिप्रगति से उछलकर फिर अपनी ही चंचलता में जैसे डूब जाता है। शकुन्तला नाटक के "पश्चार्धेन प्रविष्टः शरपतनभयात् भूयसा पूर्वकायम्" मृग की तरह इस शब्द का पूर्वार्ध भी जैसे अपने पश्चार्ध में प्रवेश करना चाहता है!

भिन्न-भिन्न पर्यायवाची शब्द, प्रायः संगीत-भेद के कारण, एक ही पदार्थ के भिन्न-भिन्न स्वरूपों को प्रकट करते हैं। 'भ्रू' से क्रोध की वक्रता, 'भृकुटि', से कटाक्ष की चंचलता, 'भौंहों' से स्वाभाविक प्रसन्नता, ऋजुता का हृदय में अनुभव होता है। ऐसे ही 'हिलोर' में उठान, 'लहर' में सलिल के वक्षःस्थल की कोमल कम्पन, 'तरंग' में लहरों के समूह का एक-दूसरे को धकेलना उठकर गिर पड़ा, 'बढ़ो बढ़ो' कहने का शब्द मिलता है, 'वीचि' से जैसे किरणों में चमकती, हवा के पलने में हौले-हौले झूमती हुई हँसमुख लहरियों का, 'ऊर्म्मि' से मधुर मुखरित हिलोरों का, हिल्लोल-कल्लोल से ऊँची-ऊँची बाँहें उठाती हुई उत्पातपूर्ण तरंगों का आभास मिलता है। 'पंख' शब्द में केवल फड़क ही मिलती है, उड़ान के लिए भारी लगता है, जैसे किसी ने पक्षी के पंखों में शीशे का टुकड़ा बाँध दिया हो, वह छटपटाकर बार-बार नीचे गिर पड़ता हो, अंगरेजी का 'विंग' जैसे उड़ान का जीता-जागता चित्र है। उसी तरह 'टच' में जो छूने की कोमलता है, वह 'स्पर्श' में नहीं मिलती। 'स्पर्श' जैसे प्रेमिका के अंगों का अचानक स्पर्श पाकर हृदय में जो रोमांच हो उठता है, उसका चित्र है, ब्रज भाषा के 'परस' में छूने की कोमलता अधिक विद्यमान है, 'जॉय' से जिस प्रकार मुँह भर जाता है, 'हर्ष' से उसी प्रकार आनन्द का विद्युत स्फुरण प्रकट होता है। अंग्रेजी के 'एअर' में एक प्रकार

की ट्रांसपेरेन्सी मिलती है, मानो इसके द्वारा दूसरी ओर की वस्तु दिखायी पड़ती हो, 'अनिल' से एक प्रकार की कोमल शीतलता का अनुभव होता है, जैसे खस की टट्टी से छनकर आ रही हो, 'वायु' में निर्मलता तो है ही, लचीलापन भी है, यह शब्द रबर के फ़ीते की तरह खिंचकर फिर अपने ही स्थान पर आ जाता है, 'प्रभंजन' विंड की तरह शब्द करता, बालू के कण और पत्तों को उड़ाता हुआ बहता है, 'श्वसन' की सनसनाहट छिप नहीं सकती, 'पवन' शब्द मुझे ऐसा लगता है जैसे हवा रुक गयी हो, 'प' और 'न' की दीवारों से घिर-सा जाता है, 'समीर' लहराता हुआ बहता है।

कविता के लिए चित्र भाषा की आवश्यकता पड़ती है, उसके, शब्द सस्वर होने चाहिए, जो बोलते हों, सेब की तरह जिनके रस की मधुर लालिमा भीतर न समा सकने के कारण बाहर झलक पड़े, जो अपने भावों को अपनी ही ध्वनि में आँखों के सामने चित्रित कर सकें, जो झंकार में चित्र, चित्र में झंकार हों, जिनका भाव संगीत विद्युत्धारा की तरह रोम-रोम में प्रवाहित हो सके, जिनका सौरभ सूँघते ही साँसों द्वारा अन्दर पैठकर हृदयाकाश में समा जाय, जिनका रस मदिरा की फेन राशि की तरह अपने प्याले से बाहर छलक उसके चारों ओर मोतियों की झालर की तरह झूमने लगे, छत्ते में न समाकर मधु की तरह टपकने लगे; अर्धनिशीथ की तारावली की तरह जिनकी दीपावली अपनी मौन जड़ता के अन्धकार को भेदकर अपने ही भावों की ज्योति में दमक उठे, जिनका प्रत्येक चरण प्रियंगु की डाल की तरह अपने ही सौन्दर्य के स्पर्श से रोमांचित रहे; जापान की द्वीपमालिका की तरह जिनकी छोटी-छोटी पंक्तियाँ अपने अन्तस्तल में सुलगी ज्वालामुखी को दबा न सकने के कारण अनन्त श्वासोच्छ्वासों के भूकम्प में काँपती रहें!

भाव और भाषा का सामंजस्य, उनका स्वरैक्य ही चित्र राग है। जैसे भाव ही भाषा में घनीभूत हो गये हों; निर्झरिणी की तरह उनकी गति और रव एक बन गये हों, छुड़ाये न जा सकते हों; कवि का हृदय जैसे नीड़ में सुप्त पक्षी की तरह किसी अज्ञात स्वर्ण रश्मि के स्पर्श से जग कर, एक अनिर्वचनीय आकुलता से, सहसा अपने स्वर की सम्पूर्ण स्वतन्त्रता में कूक उठा हो, एक रहस्यपूर्ण संगीत के स्रोत में उमड़ चला हो; अन्तर का उल्लास जैसे अपने फूट पड़ने के स्वभाव से बाध्य होकर, वीणा के तारों की तरह, अपने आप झंकारों में नृत्य करने लगा हो; भावनाओं की तरुणता, अपने ही आवेश से अधीर हो, जैसे शब्दों के चिरालिंगन पाश में बँध जाने के लिए, हृदय के भीतर से अपनी बाँहें बढ़ाने लगी हों;—यही भाव और स्वर का मधुर मिलन,

सरस सन्धि है। हृदय के कुञ्ज में छिपी हुई भावना मानो चिरकाल तक प्रतीक्षा करने के बाद अपने प्रियतम से मिली हो, और उसके रोएँ-रोएँ आनन्दोद्रेक से झनझना उठे हों।

जहाँ भाव और भाषा में मैत्री अथवा ऐक्य नहीं रहता, वहाँ स्वरों के पावस में केवल शब्दों के 'बटु समुदाय' ही, दादुरों की तरह, इधर-उधर कूदते, फुदकते तथा सामध्वनि करते सुनायी देते हैं। ब्रज भाषा के अलंकृत काल की अधिकांश कविता इसका उदाहरण है। अनुप्रासों की ऐसी अराजकता तथा अलंकारों का ऐसा व्यभिचार और कहीं देखने को नहीं मिलता। स्वस्थ वाणी में जो एक सौन्दर्य मिलता है उसका कहीं पता ही नहीं ! उस "सूधे पाँव न धरि सकत शोभा ही के भार" वाली ब्रज की वासकसज्जा का सुकुमार शरीर अलंकारों के अस्वाभाविक बोझ से ऐसा दबा दिया गया, उसके कोमल अंगों में क़लम की नोक से असंस्कृत रुचि की स्याही का ऐसा गोदना भर दिया गया कि उसका प्राकृतिक रूप-रंग कहीं दीख ही नहीं पड़ता; उस बालिका के अस्थिहीन अंग खींच-खाच, तोड़-मरोड़कर, प्रोक्रस्टीज़ की तरह, किसी प्रकार छन्दों की चारपाई में बाँध दिये, फ़िट कर दिये गये हैं ! प्रत्येक पद्य, म्यसरस् वाइट अवे लेडलॉ एंड को० के केटेलॉग में दी हुई नर-नारियों की तस्वीरों की तरह,—जिनकी सत्ता संसार में और कहीं नहीं,—एक नये फैशन के गौन या पेटीकोट, नयी हैट या अण्डरवियर, नये विन्यास के अलंकार आभूषण अथवा वस्त्रों के नये-नये नमूनों का विज्ञापन देने के लिए ही जैसे बनाया गया हो।

अलंकार केवल वाणी की सजावट के लिए नहीं, वे भाव की अभिव्यक्ति के विशेष द्वार हैं। भाषा की पुष्टि के लिए, राग की परिपूर्णता के लिए आवश्यक उपादान हैं; वे वाणी के आचार, व्यवहार, रीति, नीति हैं; पृथक् स्थितियों के पृथक् स्वरूप, भिन्न अवस्थाओं के भिन्न चित्र हैं। जैसे वाणी की झंकारें विशेष घटना से टकराकर फेनाकार हो गयी हों, विशेष भावों के झोंके खाकर बाल लहरियों, तरुण तरंगों में फूट गयी हों, कल्पना के विशेष बहाव में पड़ आवर्तों में नृत्य करने लगी हों। वे वाणी के हास, अश्रु, स्वप्न, पुलक, हाव-भाव हैं। जहाँ भाषा की जाली केवल अलंकारों के चौखटे में फिट करने के लिए बुनी जाती है, वहाँ भावों की उदारता शब्दों की कृपण जड़ता में बंधकर सेनापति के दाता और सूम की तरह 'इकसार' हो जाती है।

जिस प्रकार संगीत में सात स्वर तथा उनकी श्रुति मूर्छनाएँ केवल राग की अभिव्यक्ति के लिए होती हैं, और विशेष स्वरों के योग, उनके विशेष प्रकार के

आरोह-अवरोह से विशेष राग का स्वरूप प्रकट होता है, उसी प्रकार कविता में भी विशेष अलंकारों, लक्षण व्यंजना आदि विशेष शब्द शक्तियों तथा विशेष छन्दों के सम्मिश्रण और सामंजस्य से विशेष भाव की अभिव्यक्ति करने में सहायता मिलती है। जहाँ उपमा उपमा के लिए, अनुप्रास अनुप्रास के लिए, श्लेष अपह्नुति गूढ़ोक्ति आदि अपने-अपने लिए हो जाते—जैसे पक्षी का प्रत्येक पंख यह इच्छा करे कि मैं भी पक्षी की तरह स्वतन्त्र रूप से उड़ूँ—वे अभीप्सित स्थान में पहुँचने के मार्ग न रहकर स्वयं अभीप्सित स्थान, अभीप्सित विषय बन जाते हैं; वहाँ बाजे के सब स्वरों के साथ चिल्ला उठने से राग का स्वरूप अपने ही तत्त्वों के प्रलय में लुप्त हो जाता है; काव्य के साम्राज्य में अराजकता पैदा हो जाती है, कविता सम्राज्ञी हृदय के सिंहासन से उतार दी जाती, और उपमा, अनुप्रास, यमक, रूपक आदि उसके अमात्य, सचिव, शरीर रक्षक तथा राजकर्मचारी, शब्दों की छोटी-मोटी सेनाएँ संगृहीत कर, स्वयं शासक बनने की चेष्टा में विद्रोह खड़ा कर देते, और सारा साम्राज्य नष्ट-भ्रष्ट हो जाता है।

कविता में शब्द तथा अर्थ की अपनी स्वतन्त्र सत्ता नहीं रहती, वे दोनों भाव की अभिव्यक्ति में डूब जाते हैं, तब भिन्न-भिन्न आकारों में कटी-छँटी शब्दों की शिलाओं का अस्तित्व ही नहीं मिलता, राग के लेप से उनकी सन्धियाँ एकाकार हो जाती हैं; उनका अपना रूप भाव के बृहत्स्वरूप में बदल जाता, किसी के कुशल करों का, मायावी स्पर्श उनकी निर्जीवता में जीवन फूँक देता, वे अहल्या की तरह शापमुक्त हो जग उठते, हम उन्हें पाषाण खण्डों का समुदाय न कह, ताजमहल कहने लगते, वाक्य न कह, काव्य कहने लगते हैं। जिस प्रकार संगीत में भिन्न-भिन्न स्वर राग की लय में ऐसे मिल जाते हैं कि हम उन्हें पृथक् नहीं कर सकते, यहाँ तक कि उनके होने-न-होने की ओर हमारा ध्यान ही नहीं जाता, हम केवल राग के सिन्धु में डूब जाते हैं, उसी प्रकार कविता में भी शब्दों के भिन्न-भिन्न कण एक होकर रस की धारा के स्वरूप में बहने लगते, उनकी लँगड़ाहट में गति आ जाती, हम केवल रस की धारा को ही देख पाते हैं, कणों का हमें अस्तित्व ही नहीं मिलता।

जिस प्रकार किसी प्राकृतिक दृश्य में, उसके रंग-बिरंगे पुष्पों, लाल हरे पीले, छोटे-बड़े तृण गुल्म लताओं, ऊँची-नीची सघन विरल वृक्षावलियों, झाड़ियों, छाया ज्योति की रेखाओं, तथा पशु-पक्षियों की प्रचुर ध्वनियों का सौन्दर्य रहस्य उनके एकान्त सम्मिश्रण पर ही निर्भर रहता, और उनमें से किसी एक को अपनी मैत्री अथवा सम्पूर्णता में अलग कर देने पर वह अपना

इन्द्रजाल खो बैठता है, उसी प्रकार काव्य के शब्द भी परस्पर अन्योन्याश्रित होने के कारण, एक-दूसरे के बल से सशक्त रहते, अपनी संकीर्णता की झिल्ली तोड़, तितली की तरह, भाव तथा राग के रंगीन पंखों में उड़ने लगते, और अपनी डाल से पृथक् होते ही, शिशिर की बूंद की तरह, अपना अमूल्य मोती गँवा बैठते हैं।

ब्रज भाषा के अलंकृत काल में संगीत के आदर्श का जो अधःपात हुआ, उसका एक मुख्य कारण तत्कालीन कवियों के छन्दों का चुनाव भी है। कविता तथा छन्द के बीच बड़ा घनिष्ठ सम्बन्ध है; कविता हमारे प्राणों का संगीत है, छन्द हृत्कम्पन, कविता का स्वभाव ही छन्द में लयमान होना है। जिस प्रकार नदी के तट अपने बन्धन से धारा की गति को सुरक्षित रखते,—जिनके बिना वह अपनी ही बन्धनहीनता में अपना प्रवाह खो बैठती है, उसी प्रकार छन्द भी अपने नियन्त्रण से राग को स्पन्दन, कम्पन तथा वेग प्रदान कर, निर्जीव शब्दों के रोड़ों में एक कोमल, सजल कलरव भर, उन्हें सजीव बना देते हैं। वाणी की अनियमित साँसें नियन्त्रित हो जातीं, तालयुक्त हो जातीं, उसके स्वर में प्राणायाम, रोओं में स्फूर्ति आ जाती, राग की असम्बद्ध झंकारें एक वृत्त में बँध जातीं, उनमें परिपूर्णता आ जाती है। छन्दबद्ध शब्द, चुम्बक के पार्श्ववर्ती लोहचूर्ण की तरह अपने चारों ओर एक आकर्षण क्षेत्र (मेग्नेटिक फ़ील्ड) तैयार कर लेते, उनमें एक प्रकार का सामंजस्य, एक रूप, एक विन्यास आ जाता, उनमें राग की विद्युत्धारा बहने लगती, उनके स्पर्श में एक प्रभाव तथा शक्ति पैदा हो जाती है।

कविता हमारे परिपूर्ण क्षणों की वाणी है। हमारे जीवन का पूर्ण रूप, हमारे अन्तरतम प्रदेश का सूक्ष्माकाश ही संगीतमय है; अपने उत्कृष्ट क्षणों में हमारा जीवन छन्द ही में बहने लगता; उसमें एक प्रकार की सम्पूर्णता, स्वरैक्य तथा संयम आ जाता है। प्रकृति के प्रत्येक कार्य, रात्रि दिवस की आँखमिचौनी, षड्ऋतु परिवर्तन, सूर्य शशि का जागरण शयन, ग्रह-उपग्रहों का अश्रान्त नर्तन,—सृजन, स्थिति, संहार,—सब एक अनन्त छन्द, एक अखण्ड संगीत ही में होता है।

भौगोलिक स्थिति, शीत ताप, जलवायु, सभ्यता आदि के भेद के कारण संसार की भिन्न-भिन्न भाषाओं के उच्चारण संगीत में भी विभिन्नता आ जाती है। छन्द का भाषा के उच्चारण, उसके संगीत के साथ घनिष्ठ सम्बन्ध है। संस्कृत का संगीत समास सन्धि की अधिकता, शब्द और विभक्तियों की अभिन्नता के कारण शृंखलाकार, मेखलाकार हो गया है, उसमें दीर्घ श्वास की

आवश्यकता पड़ती है। उसके शब्द एक-दूसरे का हाथ पकड़, कन्धे से कन्धा मिलाकर मालाकार घूमते, एक के बिना जैसे दूसरा रह नहीं सकता, एक शब्द का उच्चारण करते ही सारा वाक्य मुँह से स्वयं बाहर निकल आना चाहता, एक कोना पकड़कर हिला देने से सारा चरण जंजीर की तरह हिलने लगता है। शब्दों की इस अभिन्न मैत्री, इस अन्योन्याश्रय ही के कारण संस्कृत में वर्णवृत्तों का प्रादुर्भाव हुआ, उसका राग ऐसा सान्द्र तथा सम्बद्ध है कि संस्कृत के छन्दों में अन्त्यानुप्रास की आवश्यकता ही नहीं रहती, उसके लिए स्थान ही नहीं मिलता। वर्णिक छन्दों में जो एक नृपोचित-गरिमा मिलती है, वह 'तुक' के संकेतों तथा नियमों के अधीन होकर चलना अस्वीकार करती है; वह ऐरावत की तरह अपने ही गौरव में झूमती हुई जाती, तुक का अंकुश उसकी मान-मर्यादा के प्रतिकूल है। जिस प्रकार संस्कृत के संगीत की गरिमा की रक्षा करने के लिए, उसे पूर्ण विकास देने के लिए, उसमें वर्णवृत्तों की आवश्यकता पड़ी, उसी प्रकार वर्णवृत्तों के कारण संस्कृत में अधिकाधिक पर्यायवाची शब्दों की। उसमें पर्यायों की तो प्रचुरता है, पर भावों के छोटे-बड़े चढ़ाव-उतार, उनकी श्रुति तथा मूर्च्छनाओं, लघु-गुरु भेदों को प्रकट करने के लिए पर्याप्त शब्दों का प्रादुर्भाव नहीं हो सका। वर्णवृत्तों के निर्माण में विशेषणों तथा पर्यायों से अधिक सहायता मिलने के कारण उपर्युक्त अभाव विशेषणों की मीड़ों से ही पूरा कर लिया गया। यही कारण है कि रिपल, विलो, वेव, टाइड आदि वस्तु के सूक्ष्म भेदोपभेद द्योतक शब्दों को गढ़ने की ओर संस्कृत के कवियों का उतना ध्यान नहीं रहा, जितना तुल्यार्थ शब्दों को बढ़ाने की ओर।

संस्कृत का संगीत जिस तरह हिल्लोलाकार मालोपमा में प्रवाहित होता है, उस तरह हिन्दी का नहीं। वह लोल लहरों का चंचल कलरव, बाल झंकारों का छेकानुप्रास है। उसमें प्रत्येक शब्द का स्वतन्त्र हृत्स्पन्दन, स्वतन्त्र अंगभंगी, स्वाभाविक साँसें हैं। हिन्दी का संगीत स्वरों की रिमझिम में बरसता, छनता-छनकता, बुद्बुदों में उबलता, छोटे-छोटे उत्सों के कलरव में उछलता किलकता हुआ बहता है। उसके शब्द एक-दूसरे के गले पड़कर, पगों से पग मिलाकर, सेनाकार नहीं चलते; बच्चों की तरह अपनी ही स्वच्छन्दता में थिरकते-कूदते हैं। यही कारण है कि संस्कृत में संयुक्ताक्षर के पूर्व अक्षर को गुरु मानना आवश्यक-सा हो जाता, वह अच्छा भी लगता है; हिन्दी में ऐसा नियम नहीं और वह कर्ण कटु भी हो जाता है।

हिन्दी का संगीत केवल मात्रिक छन्दों ही में अपने स्वाभाविक विकास तथा स्वास्थ्य की सम्पूर्णता प्राप्त कर सकता है, उन्हीं के द्वारा उसमें सौन्दर्य

की रक्षा की जा सकती है। वर्णवृत्तों की नहरों में उसकी धारा अपना चंचल नृत्य, अपनी नैसर्गिक मुखरता, कल् कल् छल् छल् तथा अपने क्रीड़ा, कौतुक, कटाक्ष एक साथ ही खो बैठती, उसकी हास्य दृप्त सरल मुखमुद्रा गम्भीर मौन तथा अवस्था से अधिक प्रौढ़ हो जाती, उसका चंचल भृकुटि भंग दिखलावटी गरिमा से दब जाता है। ऐसा जान पड़ता है कि उसके चंचल पदों से स्वाभाविक नृत्य छीनकर किसी ने, बलपूर्वक, उन्हें सिपाहियों की तरह गिन-गिनकर पाँव उठाना सिखलाकर, उनकी चंचलता को पदचालन के व्यायाम की बेड़ी से बाँध दिया है। हिन्दी का संगीत ही ऐसा है कि उसके सुकुमार पद क्षेप के लिए वर्णवृत्त पुराने फैशन के चाँदी के कड़ों की तरह बड़े भारी हो जाते हैं, उसकी गति शिथिल तथा विकृत हो जाती, उसके पदों में वह स्वाभाविक नूपुर ध्वनि नहीं रहती।

बँगला के छन्द भी हिन्दी कविता के लिए सम्यक् वाहन नहीं हो सकते, बँगला भाषा का संगीत आलापप्रधान होने से अनियन्त्रित-सा है। उसकी धारा पहाड़ी नदी की तरह ओठों के तटों से टकराती, ऋजु कुंचित चक्कर काटती, मन्द-क्षिप्र गति बदलती, स्वरपात के रोड़ों का आघात पाकर फेनाकार शब्द करती, अपनी शब्द राशि को झकोरती, धकेलती, चढ़ती, गिरती, उठती, पड़ती हुई आगे बढ़ती है। उसके अक्षर हिन्दी की रीति से ह्रस्व दीर्घ के पलड़ों में सूक्ष्म रूप से नहीं तुले मिलते, उनका मात्रा काल उच्चारण की सुविधानुसार न्यूनाधिक होता जाता है। अँगरेजी की तरह बँगला में भी स्वरपात (एक्सेंट) अधिक परिस्फुट रूप में मिलता है। यदि अँगरेज़ी तथा बँगला के शब्द हिन्दी के छन्दों में कम्पोज़ कर कस दिये जायँ, तो वे अपना स्वर खो बैठें। संस्कृत के शब्द जैसे नपे-तुले, कटे-छँटे, (डायमण्ड कट के) होते हैं वैसे बँगला और अँगरेज़ी के नहीं, वे जैसे लिखे जाते वैसे नहीं पढ़े जाते। बँगला के शब्द, उच्चारण की धारा में पड़, स्पंज के टुकड़े की तरह स्वर से फूल उठते, और अँगरेज़ी के शब्दों का कुछ नुकीला भाग, उच्चारण करते समय, विलायती मिठाई की तरह, मुँह के भीतर ही गलकर रह जाता, वे चिकने-चुपड़े, गोल तथा कोमल होकर बाहर निकलते हैं।

बँगला में, अधिकतर, अक्षर मात्रिक छन्दों में कविता की जाती है। पुराने वैष्णव कवियों के अतिरिक्त,—जिन्होंने संस्कृत और हिन्दी के ह्रस्व दीर्घ का ढंग अपनाया,—अन्यत्र, ह्रस्व-दीर्घ के नियमों पर बहुत कम कविता मिलती है; इस प्रणाली पर चलने से बँगला का स्वाभाविक संगीत विनष्ट भी हो जाता, रावीन्द्रिक ह्रस्व दीर्घ में बँगला का प्रकृतिगत राग अधिक प्रस्फुटित

तथा परिपूर्ण मिलता है; उसके अनुसार 'ऐ' 'औ' तथा संयुक्ताक्षर के पूर्व वर्ण को छोड़कर और सर्वत्र—आ, ई, ऊ, ए, ओ में—एक ही मात्राकाल माना जाता; और वास्तव में बँगला में इनका ठीक-ठीक दीर्घ उच्चारण भी नहीं। पर हिन्दी में तो सोने की तोल है, उसमें आप रत्ती भर भी किसी मात्रा को, उच्चारण की सुविधा के लिए घटा-बढ़ा नहीं सकते, उसकी आवश्यकता ही नहीं पड़ती, इसलिए बँगला छन्दों की प्रणालियों में ढालने से उसके संगीत की रक्षा नहीं हो सकती।

ब्रज भाषा के अलंकृत काल में 'सवैया' और 'कवित्त' का ही बोलबाला रहा, दोहा, चौपाई महात्मा तुलसीदास जी ने इतने ऊँचे उठा दिये, ऐसे चमका दिये, तुलसी की प्रगाढ़ भक्ति के उद्‌गारों को बहाते-बहाते उनका स्वर ऐसा सध गया, ऐसा उज्ज्वल, पवित्र तथा परिणत हो गया था कि एक दो को छोड़, अन्य कवियों को उन पवित्र स्वरों को अपनी शृंगार की तन्त्री में चढ़ाने का साहस ही नहीं हुआ, उनकी लेखनी द्वारा वे अधिक परिपूर्ण रूप पा भी नहीं सकते थे। इसके अतिरिक्त सवैया तथा कवित्त छन्दों में रचना करना आसान भी होता है, और सभी कवि सभी छन्दों में सफलतापूर्वक रचना कर भी नहीं सकते। छन्दों को अपनी अँगुलियों में नचाने के पूर्व कवि को छन्दों के संकेतों पर नाचना पड़ता है; सरकस के नवीन अदम्य अश्वों की तरह उन्हें साधना उनके साथ-साथ घूमना, दौड़ना, चक्कर खाना पड़ता है; तब कहीं वे स्वेच्छानुसार, इंगित मात्र पर बर्तुलाकार, अण्डाकार, आयताकार नचाये जा सकते हैं। जिस प्रकार सा रे ग म आदि स्वर एक होने पर भी पृथक्-पृथक् वाद्ययन्त्रों में उनकी पृथक्-पृथक् रीति से साधना करनी पड़ती है, उसी प्रकार भिन्न-भिन्न छन्दों के तारों, परदों तथा तन्तुओं से भावनाओं का राग जाग्रत करने के पूर्व भिन्न-भिन्न प्रकार से निहित प्रत्येक की स्वर योजना से परिचय प्राप्त कर लेना पड़ता है, तभी छन्दों की तन्त्रियों से कल्पना की सूक्ष्मता, सुकुमारता, उसके बोल तान, आलाप, भावना की मुरकियाँ तथा मीड़ें स्वच्छन्दता तथा सफलतापूर्वक झंकारित की जा सकती हैं। प्रायः देखा जाता है कि प्रत्येक कवि के अपने विशेष छन्द होते हैं जिनमें उसकी छाप सी लग जाती, जिनके ताने-बाने में वह अपने उद्‌गारों को कुशलतापूर्वक बुन सकता है। खड़ीबोली के कवियों में गुप्तजी को हरिगीतिका, हरिऔध जी को चौपदों, सनेही जी को षट्‌पदियों में विशेष सफलता प्राप्त हुई है।

पिंगलाचार्य केशवदास जी अपनी रामचन्द्रिका को जिन-जिन ड्योढ़ियों तथा सुरंगों से ले गये हैं, उनमें अधिकांश उनसे अपरिचित-सी जान पड़ती हैं,

जिनके रहस्यों से वे पूर्णतया अभिज्ञ न थे। ऐसा जान पड़ता है, उन्होंने बलपूर्वक शब्दों की भीड़ को ठेल, छन्दों के कन्धे पिचकाकर अपनी कविता की पालकी को आगे बढ़ाया है, नौसिखिये साइकिलिस्ट की तरह, जिसे साइकिल पर चढ़ने का अधिक शौक होता है, उनके छन्दों के पहिये, बैलेन्स ठीक-ठीक न रहने के कारण, डगमगाते, आवश्यकता से अधिक हिलते-डुलते हुए जाते हैं।

सवैया तथा कवित्त छन्द भी मुझे हिन्दी की कविता के लिए अधिक उपयुक्त नहीं जान पड़ते। सवैया में एक ही सगण की आठ बार पुनरावृत्ति होने से, उसमें एक प्रकार की जड़ता, एकस्वरता (मोनोटनी) आ जाती है। उसके राग का स्वरपात बार-बार दो लघु अक्षरों के बाद आनेवाले गुरु अक्षर पर पड़ने से सारा छन्द एक तरह की कृत्रिमता तथा राग की पुनरुक्ति से जकड़ जाता है। कविता की लड़ी में, छन्द की डोरी पर दानों के बीच दी हुई स्वरों की गाँठें तो बड़ी-बड़ी होकर सामने आ जाती हैं, और भावद्योतक शब्दों की गुरियाँ छोटी पड़, उन गाँठों के बीच छिप जाती हैं। चूने के पक्के किनारों के बीच बहती हुई धारा की तरह, रस की स्रोतस्विनी से, अपने वेगानुसार तटों में स्वाभाविक काट-छाँट करने का अधिकार छीन लिया जाता है; अपने पुष्प गुल्म लताओं के कोमल पुलिनों से चुम्बन-आलिंगन बदलने, प्रवाह के बीच पड़े हुए रंग-बिरंगे रोड़ों से फेनिल हास-परिहास करने, क्षिप्र आवर्तों के रूप में भ्रूपात करने का उसे अवसर ही नहीं मिलता, वह अपने जीवन की विचित्रता (रोमांस), स्वतन्त्रता तथा स्वच्छन्दता खो बैठती है।

कवित्त छन्द, मुझे ऐसा जाना पड़ता है, हिन्दी का औरसजात नहीं, पोष्यपुत्र है; न जाने, यह हिन्दी में कैसे और कहाँ से आ गया, अक्षर मात्रिक छन्द बँगला में मिलते हैं, हिन्दी के उच्चारण संगीत की ये रक्षा नहीं कर सकते। कवित्त को हम संलापोचित (कलोकियल) छन्द कह सकते हैं; सम्भव है, पुराने समय में भाट लोग इस छन्द में राजा-महाराजाओं की प्रशंसा करते हों, और इसमें रचना सौकर्य पाकर, तत्कालीन कवियों ने धीरे-धीरे इसे साहित्यिक बना दिया हो।

हिन्दी का स्वाभाविक संगीत ह्रस्व दीर्घ मात्राओं को स्पष्टतया उच्चारित करने के लिए पूरा-पूरा समय देता है। मात्रिक छन्द में बद्ध प्रत्येक लघु-गुरु अक्षर को उच्चारण करने में जितना काल तथा विस्तार मिलता, उतना ही स्वाभाविक वार्तालाप में भी साधारणतः मिलता है, दोनों में अधिक अन्तर नहीं रहता। यही हिन्दी के राग की सुन्दरता अथवा विशेषता है। पर कवित्त छन्द हिन्दी के इस स्वर और लिपि के सामंजस्य को छीन लेता है। उसमें, यति

के नियमों के पालनपूर्वक, चाहे आप इकत्तीस गुरु अक्षर रख दें, चाहे लघु, एक ही बात है, छन्द की रचना में अन्तर नहीं आता। इसका कारण यह है कि कवित्त में प्रत्येक अक्षर को, चाहे वह लघु हो या गुरु, एक ही मात्रा काल मिलता है, जिससे छन्दबद्ध शब्द एक-दूसरे को झकोरते हुए, परस्पर टकराते हुए, उच्चारित होते हैं; हिन्दी का स्वाभाविक संगीत नष्ट हो जाता है। सारी शब्दावली जैसे मद्यपान कर लड़खड़ाती हुई, अड़ती, खिंचती, एक उत्तेजित तथा विदेशी स्वरपात के साथ बोलती है। कवित्त छन्द के किसी चरण के अधिकांश शब्दों को किसी प्रकार मात्रिक छन्द में बाँध दीजिए, यथा—

"कूलन में केलिन कछारन में कुंजन में क्यारिन में कलित कलीन किलकन्त है"—इस लड़ी को यों सोलह मात्रा के छन्द में रख दीजिए—

"सु-कूलन में केलिन में (और)
कछारन कुंजन में (सब ठौर)
कलित क्यारिन में (कल) किलकन्त
वनन में बगर्‌यो (विपुल) वसन्त।"

अब दोनों को पढ़िए, और देखिए कि उन्हीं 'कूलन केलिन' आदि शब्दों का उच्चारण संगीत इन दोनों छन्दों में किस प्रकार भिन्न-भिन्न हो जाता है; कवित्त में परकीय, मात्रिक छन्द में स्वकीय, हिन्दी का अपना, उच्चारण मिलता है।

इस अनियन्त्रित छन्द में नायक-नायिकाओं तथा अलंकारों का विज्ञापन मात्र देने में केवल स्याही का ही अधिक अपव्यय नहीं हुआ, तत्कालीन कविता का राग भी शब्द-प्रधान हो गया। वाणी के स्वाभाविक स्वर और संगीत का विकास तो रुक गया, उनकी पूर्ति अनुप्रासों तथा अलंकारों की अधिकता से करनी पड़ी। कवित्त छन्द में जब तक अलंकारों की भरमार न हो तब तक वह सजता भी नहीं; अपनी कुलवधू की तरह दो एक नये आभूषण उपहार पाकर ही वह प्रसन्नता से प्रदीप्त नहीं हो उठता, गणिका की तरह अनेकानेक वस्त्र भूषण ऐंठ लेने पर ही कहीं अपने साथ रसालाप करने देता है।

इसका कारण यह है कि काव्य संगीत के मूल तन्तु स्वर हैं, न कि व्यंजन; जिस प्रकार सितार में राग का रूप प्रकट करने के लिए केवल 'स्वर के तार' पर ही कर संचालन किया जाता और शेष तार केवल स्वर-पूर्ति के लिए, मुख्य तार को सहायता देने भर के लिए झंकारित किये जाते, उसी प्रकार कविता में भी भावना का रूप स्वरों के सम्मिश्रण, उनकी यथोचित मैत्री पर ही निर्भर रहता है; ध्वनि चित्रण को छोड़कर (जिसमें राग व्यंजन प्रधान रहता, यथा —"घन घमण्ड नभ गरजत घोरा") अन्यत्र व्यंजन संगीत भावना की अभि-

व्यक्ति को प्रस्फुटित करने में प्रायः गौण रूप से सहायता मात्र करता है। जिस छन्द में स्वर-संगीत की रक्षा की जा सकती, उसके संकोच प्रसार को यथावकाश दिया जा सकता है, उसमें राग का स्वाभाविक स्फुरण, भाव तथा वाणी का सामंजस्य पूर्ण रूप से मिलता है; जहाँ राग केवल व्यंजनों की डोरियों में झूलता, वहाँ अलंकारों की झलक के साथ केवल 'हिंडोरे' की ही रमक सुनायी पड़ती है। कवित्त का राग व्यंजनप्रधान है, उसमें स्वर अथवा मात्राओं के विकास के लिए अवकाश नहीं मिलता। नीचे कुछ उदाहरण देकर इसे स्पष्ट करूँगा—

"इन्द्रधनु सा आशा का छोर
अनिल में अटका कभी अछोर" इस मात्रिक छन्द में 'सा आशा का' इन चार वर्णों में 'अ' का प्रस्तार आशा के छोर को फैलाकर इन्द्रधनुष की तरह अनिल में अछोर अटका देता है, द्वितीय चरण में 'अ' की पुनरावृत्ति भी कल्पना को इस काम में सहायता देती है; उसी प्रकार,

"कभी अचानक भूतों का सा
प्रकटा विकट महा आकार" इन चरणों में स्वर के प्रसार द्वारा ही भूतों का महा आकार प्रकट होता है, 'क' 'ट' आदि व्यंजनों की आवृत्ति उसे भीषण बनाने में सहायता मात्र देती है, पुनः—

"हमें उड़ा ले जाता जब द्रुत
दल बल युत घुस वातुल चोर" इसमें लघु अक्षरों की आवृत्ति ही वातुल चोर के दल बल युत घुमने के लिए मार्ग बनाती है। यदि आप उपर्युक्त चरणों में किसी एक को कवित्त छन्द में बाँधकर पढ़ें, यथा—

"इन्द्रधनु सा आशा का छोर
अनिल में अटका कभी अछोर"
इसे, "इन्द्रधनु सा आशा का छोर अटका अछोर
अनिल में, (अनिल के अंचल आकाश में)"

इस प्रकार रखकर पढ़ें, तो प्रत्येक अक्षर की कड़ी अलग-अलग हो जाने, तथा स्वरों का प्रस्तार रुक जाने के कारण, राग के आकाश में कल्पना का अछोर इन्द्रधनुष नहीं बनने पाता। उसी प्रकार—"अरी सलिल की लोल हिलोर," इस पद में 'ई' तथा 'ओ' की आवृत्ति जिस प्रकार 'हिलोर' को गिराती और उठाती तथा "पल पल परिवर्तित प्रकृति वेश" इस चरण में लघु मात्राओं का समुदाय अथवा स्वरों का संकोच, गिलहरी की तरह दौड़कर, जिस प्रकार प्रकृति के वेश को पल-पल परिवर्तित कर देता, कवित्त छन्द की प्रेसिंग मशीन में कस जाने पर

उपर्युक्त वाक्यों के पंख उस प्रकार स्वच्छन्दतापूर्वक स्वराकाश में नहीं उड़ सकते; क्योंकि वह छन्द हिन्दी के उच्चारण संगीत के अनुकूल नहीं है।

कविता विश्व का अन्तरतम संगीत है, उसके आनन्द का रोमहास है; उसमें हमारी सूक्ष्मतम दृष्टि का मर्म प्रकाश है। जिस प्रकार कविता में भावों का अन्तरस्थ हृत्स्पन्दन अधिक गम्भीर, परिस्फुट तथा परिपक्व रहता है उसी प्रकार छन्दबद्ध भाषा में भी राग का प्रभाव, उसकी शक्ति, अधिक जाग्रत, प्रबल तथा परिपूर्ण रहती है। राग ध्वनि लोक की कल्पना है। जो कार्य भाव जगत् में कल्पना करती, वह कार्य शब्द जगत् में राग; दोनों अभिन्न हैं। यदि किसी भाषा के छन्दों में, भारती के प्राणों में शक्ति तथा स्फूर्ति संचार करने वाले उनके संगीत को, अपनी उन्मुक्त झंकारों के पंखों में उड़ने के लिए प्रशस्त क्षेत्र तथा विशदाकाश न मिलता हो, वह पिंजरे बद्ध कीर की तरह छन्द के अस्वाभाविक बन्धनों से कुण्ठित हो, उड़ने की चेष्टा में छटपटाकर गिर पड़ता हो, तो उस भाषा में छन्दबद्ध काव्य का प्रयोजन ही क्या ? प्रत्येक भाषा के छन्द उसके उच्चारण संगीत के अनुकूल होने चाहिए। जिस प्रकार पतंग डोर के लघु-गुरु संकेतों की सहायता से और भी ऊँची-ऊँची उड़ती जाती है, उसी प्रकार कविता का राग भी छन्द के इंगितों से दृप्त तथा प्रभावित होकर अपनी ही उन्मुक्ति में अनन्त की ओर अग्रसर होता जाता है। हमारे साधारण वार्तालाप में भाषा संगीत को जो यथेष्ट क्षेत्र नहीं प्राप्त होता, उसी की पूर्ति के लिए काव्य में छन्दों का प्रादुर्भाव हुआ है। कविता में भावों के प्रगाढ़ संगीत के साथ भाषा का संगीत भी पूर्ण परिस्फुट होना चाहिए तभी दोनों में सन्तुलन रह सकता है। पद्य को हम गद्य की तरह नहीं पढ़ते, यदि ऐसा करें तो हम उसके साथ अन्याय ही करेंगे। पद्य में वाणी का रोआँ-रोआँ संगीत में सनकर, रस में डूबे हुए किशमिश की तरह, फूल उठता है; सुरों में सधी हुई वीणा की तरह उसके तार, किसी अज्ञात वायवीय स्पर्श से, अपने आप, अनवरत झंकारों में काँपते रहते हैं; पावस की अँधियारी में जुगुनुओं की तरह अपनी ही गति में प्रभा प्रसारित करते रहते हैं।

अब कुछ तुक की बातें होनी चाहिए। तुक राग का हृदय है, जहाँ उसके प्राणों का स्पन्दन विशेष रूप से सुनायी पड़ता है। राग की समस्त छोटी-बड़ी नाड़ियाँ मानो अन्त्यानुप्रास के नाड़ी-चक्र में केन्द्रित रहतीं, जहाँ से नवीन बल तथा शुद्ध रक्त ग्रहण कर वे छन्द के शरीर में स्फूर्ति संचार करती रहती हैं। जो स्थान ताल तरल में 'सम' का है, वही स्थान छन्द में तुक का, वहाँ पर राग शब्दों के सरल तरल ऋजुकुंजित 'परनों' में घूम-फिरकर विराम ग्रहण करता,

उसका सिर जसे अपनी ही स्पष्टता में हिल उठता है। जिस प्रकार अपने अवरोह में राग संवादी स्वर पर बार-बार ठहरकर अपना रूप विशेष व्यक्त करता है, उसी प्रकार वाणी का राग भी तुक की पुनरावृत्ति से स्पष्ट तथा परिपुष्ट होकर लययुक्त हो जाता है। तुक उसी छन्द में अच्छा लगता है जो पद विशेष में गुँथी हुई भावना का आधार स्वरूप हो। प्रत्येक वाक्य के प्राण शब्द-विशेष पर निहित अथवा अवलम्बित रहते हैं, शेष शब्द उसकी पूर्ति के लिए, भाव को स्पष्ट करने के लिए, सहायक मात्र होते हैं। उस शब्द को हटा देने से सारा वाक्य अर्थशून्य, हृदयहीन-सा हो जाता है। वाक्य की डाल में, अपने अन्य सहचरों की हरीतिमा से सुसज्जित, यह शब्द नीड़ की तरह छिपा रहता है। जिसके भीतर से भावना की कोकिला बोल उठती, और वाक्य का प्रत्येक पत्र उसके राग को अपनी मर्मर ध्वनि में प्रतिध्वनित कर परिपुष्ट करता है; इसी शब्द सम्राट् के भाल पर तुक का मुकुट शोभा देता है। इसका कारण यह है कि अन्त्यानुप्रासवाला शब्द राग की आवृत्ति से सशक्त होकर हमारा ध्यान आकर्षित करता रहता है, अत: वाक्य का प्रधान शब्द होने के कारण वह भाव को हृदयंगम कराने में भी सहायता देता है।

हमें अपनी दिनचर्या में भी, प्राय: एक प्रकार का तुक मिलता है, जो उसे संयमित तथा सीमाबद्ध रखता; जिसकी ओर दिन की छोटी-मोटी कार्यकारिणी शक्तियाँ आकर्षित रहती हैं। जब हम उस सीमा को असावधानी के कारण उल्लंघन कर बैठते हैं, तब हमारे कार्य हमें तृप्ति नहीं देते; हमारे हृदय में एक प्रकार का असन्तोष जमा हो जाता; हम अपनी दिनचर्या का केन्द्र खो बैठते, और स्वयं अपनी ही आँखों में बेतुके-से लगते हैं। एक और कारण से भी हम अपने जीवन का तुक खो बैठते हैं—जब हम अधिक कार्य व्यग्र अथवा भाराक्रान्त रहते, उस समय काम-काज का ऐसा ताप, क्रिया का ऐसा स्पन्दन कम्पन रहता है कि हमें अपनी स्वाभाविक दिनचर्या में बरते जानेवाले व्यवहार के लिए, जीवन के स्वतन्त्र क्षणों में प्रत्येक कार्य के साथ जा एक आनन्द की सृष्टि मिल जाती, उसके लिए, अवकाश ही नहीं मिलता, हमारे कार्य-प्रवाह में तीव्र गति रहती, हमारा जीवन का एक अश्रान्त दौड़-सा, कुछ समय के लिए, बन जाता है। यही ब्लैंक वर्स अथवा अतुकान्त कविता है। इसमें कर्म (एक्शन) का प्राधान्य रहता है, दिन की उज्ज्वल ज्योति में काम का अधिक प्रकाश रहता है, उनमें हमें तुक नहीं मिलता; प्रभात और सन्ध्या के अवकाशपूर्ण घाटों पर हमें इस तुक के दर्शन मिलते हैं, प्रत्येक पदार्थ में एक सोने की भावपूर्ण, शान्त, संगीतमय छाप-सी लग जाती, यही गीति-काव्य है।

हिन्दी में रोला छन्द अन्त्यानुप्रासहीन कविता के लिए विशेष उपयुक्त जान पड़ता है, उसी साँसों में प्रशस्त जीवन तथा स्पन्दन मिलता है। उसके तुरही के समान स्वर से निर्जीव शब्द भी फड़क उठते हैं। ऐसा जान पड़ता है, उसके राजपथ में मेला लगा है, प्रत्येक शब्द 'प्रवाल शोभा इव पादपानां" तरह-तरह के संकेत तथा चेष्टाएँ करता, हिलता-डुलता आगे बढ़ता है।

भिन्न-भिन्न छन्दों की भिन्न-भिन्न गति होती, और तदनुसार वे रस-विशेष की सृष्टि करने में भी सहायता देते हैं। रघुवंश में 'अज विलाप' का बैतालीय छन्द करुण रस की अवतारणा के लिए कितना उपयुक्त है? उसके स्वर में कितनी कातरता, दीनता तथा व्याकुलता भरी है? जैसे अधिक उद्वेग के कारण उसका कण्ठ गद्गद हो गया हो, भर गया हो। यदि विहाग राग की तरह उस छन्द का चित्र भी कहीं होता तो उसकी आँखों में अवश्य आँसुओं का समुद्र उमड़ता हुआ मिलता। मालिनी छन्द में भी करुण आह्वान अच्छा लगता है।

हिन्दी के प्रचलित छन्दों में पीयूष वर्षण, रूपमाला, सखी, और प्लवंगम छन्द करुणारस के लिए मुझे विशेष उपयुक्त लगते हैं। पीयूष वर्षण की ध्वनि से कैसी उदासीनता टपकती है? मरुभूमि में बहनेवाली निर्जन तटिनी की तरह, जिसके किनारे पत्र पुष्पों के शृंगार से विहीन, जिसकी धारा लहरों के चंचल कलरव तथा हास-परिहास से वंचित रहती, यह छन्द भी, वैधव्य वेश में, अकेलेपन में सिसकता हुआ, श्रान्त जिह्म गति से, अपने ही अश्रुजल से सिक्त धीरे-धीरे बहता है। हरिगीतिका छन्द भी करुणारस के लिए अच्छा है।

रोला और रूपमाला दोनों छन्द चौबीस मात्रा के हैं; पर इन दोनों की गति में कितना अन्तर है? रोला जहाँ बरसाती नाले की तरह अपने पथ की रुकावटों को लाँघता तथा कलनाद करता हुआ आगे बढ़ता है, वहाँ रूपमाला दिनभर के काम-धन्धे के बाद अपनी ही थकावट के बोझ से लदे हुए किसान की तरह, चिन्ता में डूबा हुआ, नीची दृष्टि किये, ढीले पाँवों से जैसे घर की ओर जाता है।

राधिका छन्द में ऐसा जान पड़ता है, जैसे इसकी क्रीड़ाप्रियता अपने ही परदों में 'गत' बजा रही हो। जैसे परियों की टोली परस्पर हाथ पकड़, चंचल नूपुर-नृत्य करती हुई, लहरों की तरह अंग भंगियों में उठती-झुकती, कोमल कण्ठ स्वरों से गा रही हो। इस छन्द में जितनी ही अधिक लघु मात्राएँ रहेंगी, इसके चरणों में उतनी ही मधुरता तथा नृत्य रहेगा।

सोलह मात्रा का अरिल्ल छन्द भी निर्झरिणी की तरह कल्-कल् छल्-छल्

करता हुआ बहता है। इसके तथा चौदह मात्रा के सखी छन्द की गति में कितना अन्तर है ? सखी छन्द के प्रत्येक चरण में अन्त्यानुप्रास अच्छा नहीं लगता, दूर-दूर तुक रखने से यह अधिक करुण हो जाता है, अन्त में मगण के बदले भगण अथवा नगण रखने से इसकी लय में एक प्रकार का स्वर भंग आ जाता है, जो करुणा का संचार करने में सहायता देता है। पन्द्रह मात्रा का चौपाई छन्द अनमोल मोतियों का हार है, बाल साहित्य के लिए इससे उपयुक्त छन्द मुझे कोई नहीं लगता। इसकी ध्वनि में बच्चों की साँसें, बच्चों का कण्ठ-रव मिलता है; बच्चों की ही तरह यह चलने में इधर-उधर देखता हुआ, अपने को भूल जाता है। अरिल्ल भी बाल-कल्पना के पंखों में खूब उड़ता है।

हिन्दी में मुक्त काव्य का प्रचार भी दिन-दिन बढ़ रहा है; कोई इसे रबर काव्य कहते हैं, कोई कंगारू। सन् १९२१ में जब 'उच्छ्वास' मेरी विरह कृश लेखनी से यक्ष के 'कनक वलय' की तरह निकल पड़ा था, तब "निगम" जी ने 'सम्मेलन पत्रिका' में उस 'बीसवीं' सदी के 'महाकाव्य' की आलोचना करते हुए लिखा था, "इसकी भाषा रँगीली, छन्द स्वच्छन्द है।" पर उस वामन ने, कि लोकप्रियता के रात दिन घटने-बढ़ने वाले चाँद को पकड़ने के लिए बहुत छोटा था, कुछ ऐसी टाँगें फैला दीं कि आज, सौभाग्य अथवा दुर्भाग्यवश, हिन्दी में सर्वत्र 'स्वच्छन्द छन्द' ही की छटा दिखलायी पड़ती है।

यह 'स्वच्छन्द छन्द' ध्वनि अथवा लय (रिद्म) पर चलता है। जिस प्रकार जलौघ पहाड़ से निर्झर नाद में उतरता, चढ़ाव में मन्द गति, उतार में क्षिप्र-वेग धारण करता, आवश्यकतानुसार अपने किनारों को काटता-छाँटता, अपने लिए ऋजु-कुंचित पथ बनाता हुआ आगे बढ़ता है, उसी प्रकार यह छन्द भी कल्पना तथा भावना के उत्थान-पतन, आवर्तन-विवर्तन के अनुरूप संकुचित प्रसारित होता, सरल-तरल, ह्रस्व-दीर्घ गति बदलता रहता है।

इस मुक्त छन्द की विशेषता यह है कि इसमें भाव तथा भाषा का सामंजस्य पूर्ण रूप से निभाया जा सकता है। हरिगीतिका, पद्धरि, रोला आदि छन्दों में प्रत्येक चरण की मात्राएँ नियमित रूप से बद्ध होने के कारण भावना को छन्द के अनुसार ले जाना, किसी प्रकार खींच-खाँचकर उसके ढाँचे में फ़िट कर देना पड़ता है; कभी पाद पूर्ति के लिए आवश्यक शब्द भी रख देने पड़ते हैं। उग्र साम्यवादियों की तरह ये छन्द बाह्य समानता चाहते हैं। मुक्त काव्य आन्तरिक ऐक्य, भाव जगत् के साम्य को ढूँढ़ता है। उसमें छन्द के चरण भावानुकूल ह्रस्व-दीर्घ हो सकते हैं। क्वार्टरों में रहनेवाले बाबुओं की तरह, भावना को, परतन्त्रता के हाथों बने हुए घरों के अनुसार, अपनी खाने-पीने,

उठने-बठने, सोने-रहने की सुविधा को, कुछ इने-गिने कमरों ही में येन-केन प्रकारेण ठूँस-ठाँसकर जीवन-निर्वाह नहीं करना पड़ता; वह अपनी स्वतन्त्र इच्छा, स्वाभाविक रुचि के अनुरूप, अपनी आत्मा के सुविधानुसार, अपना निकेतन बनाता है, जिसमें उसका जीवन अपने कुटुम्ब के साथ स्वेच्छानुसार हाथ-पाँव फैलाकर सुखपूर्वक रह सके ।

इस प्रकार की कविता में अंगों के गठन की ओर विशेष ध्यान रखना पड़ता है । इसमें चरण इसलिए घटाये-बढ़ाये जाते हैं कि काव्य सम्बद्ध, संयमित रहे; उसकी शरीर-यष्टि न गणेश जी की तरह स्थूल तथा मांसल हो, न ब्रज भाषा की विरहिणी के सदृश अस्पष्ट अस्थि-पंजर । जहाँ छन्द के पद भावानुसार नहीं जाते, और मोहवश अपनी सजावट ही के लिए घटते-बढ़ते, चीन की सुन्दरियों अथवा पाश्चात्य महिलाओं की तरह केवल अपने चरणों को छोटा रखने के लिए लोहे के तंग जूते, कमर को पतली रखने के लिए चुस्त पेटी पहनने लगते, वहाँ उनके स्वाभाविक सौन्दर्य का विकास तो रुक ही जाता है, कविता अस्वस्थ तथा लक्ष्यभ्रष्ट भी हो जाती है ।

अन्य छन्दों की तरह मुक्त काव्य भी हिन्दी में ह्रस्व-दीर्घ मात्रिक संगीत की लय पर ही सफल हो सकता है । छन्द का राग भाषा के राग पर निर्भर रहता है, दोनों में स्वरैक्य रहना चाहिए । जिस प्रकार गवैया तानपूरा के स्वरों से कण्ठस्वर मिलाकर गाता, और स्वतन्त्रतापूर्वक तान तथा आलाप लेने पर भी उसके कण्ठ का तंबूरे के स्वरों के साथ सामंजस्य बना ही रहता, तथा ऐक्य भंग होते ही वह बेसुरा हो जाता, उसी प्रकार छन्द का राग भी भाषा के तारों पर झूलता है, और जहाँ दोनों में मैत्री नहीं रहती वहाँ छन्द अपना 'स्वर' खो बैठता है । उदाहरणार्थ मेरे मित्र हिन्दी के भावुक सहृदय कवि 'निराला' जी के छन्दों को लीजिए ।

उनके कुछ छन्द बँगला की तरह अक्षर मात्रिक राग पर, कुछ हिन्दी के ह्रस्व दीर्घ मात्रिक संगीत पर चलते हैं, तथा कुछ इस प्रकार मिश्रित हैं कि उनमें कोई भी नियम नहीं मिलता । जहाँ पर उनकी कविता ह्रस्व दीर्घ संगीत पर चलती, उनकी उज्ज्वल भाव राशि उनके रचना चातुर्य के सूत्र में गुँथी हुई, हीरों के हार की तरह चमक उठती है । किन्तु जहाँ पर वह बँगला के अनुसार चलती वहाँ उसका राग हिन्दी के लिए अस्वाभाविक हो जाता है । उदाहरणार्थ बँगला की कुछ लाइनें लीजिए,—

हे सम्राट् कवि,
एइ तब हृदयेर छबि,

एइ तब नव-मेघदूत,
अपूर्व अद्‌भुत
छन्दे गाने
उठियाछे अलक्खेर पाने
जेथा तब बिरहिणी प्रिया
रयेछे मिशिया
प्रभातेर अरुण आभासे,
क्लान्त सन्ध्या दिगन्तेर करुण निश्वासे
पूर्णिमाय देहहीन चामेलिर लावण्य विलासे,
भाषार अतीत तीरे
कांगाल नयन जेथा द्वार ह'ते आशे फिरे-फिरे,

—रवीन्द्रनाथ ठाकुर

इन्हें पहले बँगला उच्चारण के साथ पढ़िए, फिर हिन्दी उच्चारण के अनुसार पढ़ने की चेष्टा कीजिए, बँगला उच्चारण का प्रवाह ज्योंही इनके ऊपर से हटा दिया जाता है सारी शब्द राशि जलधारा के सूख जाने पर नदी की तह में पड़े हुए निष्प्रभ रोड़ों की तरह, अपने जीवन का कलरव, अपनी कोमलता चंचलता, अपनी चमक-दमक तथा गति गँवाकर अपनी ही लँगड़ाहट में डगमगाती हुई गिर पड़ती है। इसका कारण यह है कि बँगला के उच्चारण की मांसलता हिन्दी में नहीं, इसका ह्रस्व दीर्घ राग बँगला छन्दों में स्वाभाविक विकास नहीं पाता। बँगला उच्चारण के श्वासवायु से उपर्युक्त पद्य के चरण रबर के रंगीन गुब्बारों की तरह फूल उठते, जिसके निकलते ही छन्द के पद ढीले पड़ जाते, शब्द पिचक जाते, और उनका परस्पर का सम्बन्ध टूट जाने के कारण राग की विद्युत्धारा का प्रवाह रुक जाता है। श्रीयुत 'निराला' जी के भी दो एक छन्द देखिए—

(१) देख यह कपोत कण्ठ—
बाहु बल्ली कर सरोज—
उन्नत उरोज पीन—क्षीण कटि—
नितम्ब भार—चरण सुकुमार—
गति मन्द मन्द,
छूट जाता धैर्य ऋषि मुनियों का;
देवों भोगियों की तो बात ही निराली है। —अनामिका।

(२) कहाँ ?—
मेरा अधिवास कहाँ ?
क्या कहा ?—'रुकती है गति जहाँ ?
भला इस गति का शेष—
सम्भव है क्या—
करुण स्वर का जब तक मुझमें रहता है आवेश ?
मैंने 'मैं' शैली अपनाई
देखा दुखी एक निज भाई,
दुख की छाया पड़ी हृदय में मेरे
झट उमड़ वेदना आई।

—अनामिका।

पहले छन्द के चरण अक्षर मात्रिक राग की गति पर, दूसरे के ह्रस्व दीर्घ मात्रिक राग की गति पर चलते हैं। पहले छन्द में, 'यह, कण्ठ, बल्ली, सरोज, उन्नत, पीन' इत्यादि शब्दों पर एक प्रकार का स्वरपात देकर, रुककर, आगे बढ़ना पड़ता, 'नितम्ब भार चरण सुकुमार' इस चरण को एक साथ पढ़ना पड़ता है, राग की गति भंग हो जाती है। दूसरे छन्द में राग की एक धारा व्याप्त मिलती है, उसका स्वर भंग नहीं होता, शब्दों की कड़ियाँ अलग-अलग, असम्बद्ध नहीं दिखायी पड़तीं, उनकी दरारें लय से भरकर एकाकार हो जातीं, उनमें एक प्रकार का सामंजस्य आ जाता है। पहले छन्द का राग हिन्दी के उच्चारण संगीत के अनुकूल नहीं, दूसरे का अनुकूल है।

मुक्त काव्य में ऐसे चरण, जिनकी गति भिन्न हो,—जैसे पीयूषवर्षण तथा रोला के चरण,—साथ साथ अच्छे नहीं लगते; राग का प्रभाव कुण्ठित हो जाता है, गति बदलने के पूर्व लय को विराम दे देना चाहिए। 'पल्लव' में मेरी अधिकांश रचनाएँ इसी छन्द में हैं, जिनमें 'उच्छ्वास', 'आँसू' तथा 'परिवर्तन' विशेष बड़ी हैं।

'परिवर्तन' में जहाँ भावना का क्रिया कम्पन तथा उत्थान पतन अधिक है, जहाँ कल्पना उत्तेजित तथा प्रसारित रहती, वहाँ रोला आया है, अन्यत्र सोलह मात्रा का छन्द। बीच-बीच में छन्द की एकस्वरता तोड़ने तथा भावाभिव्यक्ति की सुविधा के अनुसार उसके चरण घटा-बढ़ा दिये गये हैं। यथा—

"विभव की विद्युत् ज्वाल
चमक, छिप जाती है तत्काल।" ऊपर के चरण में चार मात्राएँ घटाकर

उसकी गति मन्द कर देने से नीचे के चरण का प्रभाव बढ़ जाता है। यदि ऊपर के चरण में चार मात्राएँ जोड़कर उसे "विभव की चञ्चल विद्युत्ज्वाल" —इस प्रकार पढ़ा जाय, तो नीचे के चरण में विभव की क्षणिक छटा का चमककर, छिप जाने के भाव का स्वाभाविक स्फुरण मन्द पड़ जाती है। इसी प्रकार अन्यत्र भी भावनानुसार छन्दों में काट-छाँट कर दी गयी है।

'उच्छ्वास' और 'आँसू' में भी छन्द इसी प्रकार बदले गये, और आवश्यकतानुसार राग को विश्राम भी दे दिया गया है। यथा—

"शैशव ही है एक स्नेह की वस्तु सरल कमनीय" के बाद

"बालिका ही थी वह भी,"—इस चरण में वाणी को विश्राम मिल जाता, तब नया छन्द—

"सरलपन ही था उसका मन
निरालापन था आभूषन" इत्यादि प्रारम्भ होता है। उसी प्रकार—

"सुमनदल चुन चुन कर निशि भोर
खोजना है अजान वह छोर"—इस सोलह मात्रा के छन्द की गति को "नवल कलिका थी वह" वाले चरण में विश्राम देकर तब—

"उसके उस सरलपने से
मैंने था हृदय सजाया"—यह चौदह मात्रा का छन्द रक्खा है, इसकी गति पूर्ववर्ती छन्द की गति से मन्द है। जहाँ समगति के भिन्न-भिन्न छन्द आये हैं वहाँ विराम देने की आवश्यकता नहीं समझी गयी। इसके बाद प्रकृति-वर्णन है, उसमें निर्झरों का गिरना, दृश्यों का बदलना, पर्वत का सहसा बादलों के बीच ओझल हो जाना आदि, अद्भुत रस का मिश्रण है। इसलिए वहाँ पूर्वोक्त शिथिल गतिवाले छन्द के बाद तुरन्त ही—

"पावस ऋतु थी पर्वत प्रदेश
पल पल परिवर्तित प्रकृति वेश"—यह क्षिप्रगामी छन्द मुझे अधिक उपयुक्त जान पड़ा। इस छन्द का सारा वेग—"वह सरला उस गिरि को कहती थी बादल घर"—यह विस्तृत चरण रोक देता, और

"सरल शैशव की सुखद सुधि सी वही
बालिका मेरी मनोरम मित्र थी" इस सुख-दुःख मिश्रित भावना को ग्रहण करने के लिए हृदय को तैयार कर देता है।

'आँसू' में कहीं-कहीं एक ही छन्द के चरणों में अधिक काट-छाँट हुई है। यथा—

"देखता हूँ जब, उपवन
पियालों में फूलों के
प्रिये ! भर भर अपना यौवन
पिलाता है मधुकर को !
नवोढ़ा बाल लहर
अचानक उपकूलों के
प्रसूनों के ढिग रुककर
सरकती है सत्वर,
अकेली आकुलता-सी, प्राण !
कहीं तब करती मृदु आघात,
सिहर उठता कृश गात,
ठहर जाते हैं पग अज्ञात ।"

इन चरणों में शोकाकुलता के कारण स्वर भंग हो जाने का भाव आया है, लय की गति रुकती जाती है, तुक भी पास-पास नहीं आये हैं। इसी प्रकार "सिहर उठता कृश गात" इस चरण की गति को कुण्ठित कर देने से अनुवर्ती चरण में पगों के अज्ञात ठहर जाने का भाव अपने आप प्रकट हो जाता है। अन्यत्र भी—

"पिघल पड़ते हैं प्राण

उबल चलती है दृग जल धार", इन लाइनों में प्रथम चरण के बाद जो विराम मिलता, उससे प्राणों के पिघल पड़ने तथा द्वितीय चरण में आँसुओं के उबल चलने का भाव अधिक स्पष्ट हो जाता है।—मुझे अपने इस बाल प्रयास में कहाँ तक सफलता मिली है, इसे सहृदय काव्य मर्मज्ञ ही जानें।

खड़ी बोली की कविता में क्रियाओं और विशेषतः संयुक्त क्रियाओं का प्रयोग कुशलतापूर्वक करना चाहिए, नहीं तो कविता का स्वर (एक्सप्रेशन) शिथिल पड़ जाता है, और खड़ी बोली की कविता में यह दोष सबसे अधिक मात्रा में विराजमान है। "है" को तो, जहाँ तक हो सके निकाल ही देना चाहिए, इसका प्रयोग प्रायः व्यर्थ ही होता है। इन दो सींगोंवाले हरिण को 'आश्रम मृग' समझ, इस पर दया दिखलाना ठीक नहीं, यह 'कनक मृग' है, इसे कविता की पञ्चवटी के पास फटकने न देना ही अच्छा है। 'समासों' का भी अधिक प्रयोग अच्छा नहीं लगता, समास का काम तो व्यर्थ बढ़कर इधर-उधर बिखरी तथा फैली हुई शब्दों की टहनियों को काट-छाँटकर उन्हें सुन्दर आकार प्रकार देने तथा उनकी मांसल हरीतिमा में छिपे हुए भावों के पुष्पों को व्यक्त

भर कर देने का है। समास की कैंची अधिक चलाने से कविता की डाल ठूँठी तथा श्रीहीन हो जाती है।

सबसे अधिक आश्चर्य की बात तो यह है कि हिन्दी में अभी समस्या-पूर्ति का स्वाँग जारी ही है। जो लोग "कवयः किं न जल्पन्ति, कागा किं न भक्षन्ति" के समर्थक, और कवियों को कौओं के समकक्ष बैठाने तथा कविता को केवल काले-काले अक्षरों की अँधेरी उड़ान समझनेवाले हैं, उनकी बात दूसरी है, पर जो कवि को राष्ट्र का निर्माता मानते हैं, जिन्हें कविता में देवताओं का भोजन संसार का अन्तरतम हृत्स्पन्दन मिलता है, उन्हें तो उसे इस अस्वाभाविक बन्धन से छुड़ाने की चेष्टा करनी चाहिए। ब्रज भाषा की कविता में अधिक कृत्रिमता आने का एक मुख्य कारण यह समस्या-पूर्ति भी है। क्या कवि की विश्वव्यापी प्रतिभा को तागे की तरह सुई की आँख में डाल देना ही कविता है? सरकस के खिलाड़ियों की तरह दूर से दौड़ लगाकर शब्दों के एक कृत्रिम परिमित वृत्त (रिंग) के भीतर से होकर उस पार निकल जाना ही कवि का काम है? क्या बहुपतियों को वरने की असभ्य प्रथा, कलंक की तरह, हिन्दी द्रौपदी के भाल पर सदा के लिए लगी ही रहेगी? इस लक्ष्यवेध का, इस तुकबन्दी की चाँदमारी का अब भी अन्त नहीं होगा?

हिन्दी में सत्समालोचना का बड़ा अभाव है। रसगंगाधर, काव्यादर्श आदि की वीणा के तार पुराने हो गये; वे स्थायी, संचारी, व्यभिचारी आदि भावों से जो कुछ संचार अथवा व्यभिचार करवाना चाहते थे, करवा चुके। जब तक समालोचना का समयानुकूल रूपान्तर न हो, वह विश्व भारती के आधुनिक, विकसित तथा परिष्कृत स्वरों में न अनुवादित हो जाय, तब तक हिन्दी में सत्साहित्य की सृष्टि भी नहीं हो सकती। बड़े हर्ष की बात है कि अब हिन्दी यूनिवर्सिटी की चिर वञ्चित उच्चतम कक्षाओं में भी प्रवेश पा गयी; वहाँ उसे अपनी बहन अँगरेज़ी के साथ वार्तालाप तथा हेल-मेल बढ़ाने का अवसर तो मिलेगा ही, उनमें घनिष्ठता भी स्थापित हो जायेगी। आशा है, विश्वविद्यालय के उत्साही हिन्दी-प्रेमी छात्र, जब तक हमारे वयोवृद्ध समालोचक, बेचारे देव और बिहारी में कौन बड़ा है, इसके निर्णय के साथ उनके भावों का निबटारा करने, तथा 'सहित' शब्द में ष्यञ् प्रत्यय जोड़कर सत्साहित्य की सृष्टि करने में व्यस्त हैं, तब तक हिन्दी में अंगरेज़ी ढंग की समालोचना का प्रचार कर, उसके पथ में प्रकाश डालने का प्रयत्न करेंगे। हम लोग अब 'काव्यं रसात्मकं वाक्यम्', 'रमणीयार्थ प्रतिपादकः शब्दः काव्यम्' को अच्छी तरह समझ गये हैं।

यहीं पर मैं इस भूमिका को समाप्त करता हूँ। हम खड़ी बोली से अपरिचित हैं, उसमें हमने अपने प्राणों का संगीत अभी नहीं भरा; उसके शब्द हमारे हृदय के मधु से सिक्त होकर अभी सरस नहीं हुए, वे केवल नाम मात्र हैं; उनमें हमें रूप-रस-गन्ध भरना होगा। उनकी आत्मा से अभी हमारी आत्मा का साक्षात्कार नहीं हुआ, उनके हृत्स्पन्दन से हमारा हृत्स्पन्दन नहीं मिला, वे अभी हमारे मनोवेगों के चिरालिंगन पाश में नहीं बँधे;—इसीलिए उनका स्पर्श अभी हमें रोमांचित नहीं करता, वे हमें रसहीन, गन्धहीन लगते हैं। जिस प्रकार बड़ी चुवाने से पहले उड़द की पीठी को मथकर हलका तथा कोमल कर लेना पड़ता है, उसी प्रकार कविता के स्वरूप में, भावों के ढाँचों में ढालने के पूर्व भाषा को भी हृदय के ताप में गलाकर कोमल, करुण, सरस, प्राञ्जल कर लेना पड़ता है। इसके लिए समय की आवश्यकता है, उसी के प्रवाह में बहकर खड़ी बोली के खुरदरे रोड़े हमें धीरे-धीरे चिकने तथा चमकीले लगने लगेंगे। हमें आशा है, भविष्य इसके समुद्र को मथकर इसके चौदह रत्नों को किसी दिन संसार के सामने रख देगा, और शीघ्र ही कोई प्रतिभाशाली पृथु अपनी प्रतिभा के बछड़े से इस भारत की भारती को दुहकर तथा राष्ट्र के साहित्य को अनन्त उर्वर बनाकर, एक बार फिर दुर्भिक्ष पीड़ित संसार को परितृप्ति प्रदान करेगा। शुभमस्तु।

पल्लव

अरे, ये पल्लव बाल !

सजा सुमनों के सौरभ हार
गूँथते वे उपहार;
अभी तो हैं ये नवल प्रवाल,
नहीं छूटी तरु डाल;
विश्व पर विस्मित चितवन डाल,
हिलाते अधर प्रवाल !

न पत्रों का मर्मर संगीत,
न पुष्पों का रस, राग, पराग;
एक अस्फुट, अस्पष्ट, अगीत,
सुप्ति की ये स्वप्निल मुसकान;
सरल शिशुओं के शुचि अनुराग,
वन्य विहगों के गान !

हृदय के प्रणय कुंज में लीन
मूक कोकिल का मादक गान,
बहा जब तन मन बंधन हीन
मधुरता से अपनी अनजान;
खिल उठी रोओं सी तत्काल
पल्लवों की यह पुलकित डाल !

प्रथम मधु के फूलों का बाण
दुरा उर में, कर मृदु आघात,
रुधिर से फूट पड़ी रुचिमान
पल्लवों की यह सजल प्रभात;
शिराओं में उर की अज्ञात
नव्य जग जीवन कर गतिवान !

दिवस का इनमें रजत प्रसार
उषा का स्वर्ण सुहाग;
निशा का तुहिन अश्रु शृंगार,
साँझ का निःस्वन राग;
नवोढ़ा की लज्जा सुकुमार,
तरुणतम सुन्दरता की आग !

कल्पना के ये विह्वल बाल,
आँख के अश्रु, हृदय के हास,
वेदना के प्रदीप की ज्वाल,
प्रणय के ये मधुमास;
सुछवि के छाया वन की साँस
भर गई इनमें हाव, हुलास !

आज पल्लवित हुई है डाल,
झुकेगा कल गुंजित मधुमास !
मुग्ध होंगे मधु से मधु बाल,
सुरभि से अस्थिर मरुताकाश !

(नवम्बर, १९२४)

उच्छ्वास

(सावन-भादों)

(सावन)

सिसकते, अस्थिर मानस से
बाल बादल सा उठकर आज
सरल, अस्फुट उच्छ्वास !
अपने छाया के पंखों में
(नीरव घोष भरे शंखों में)
मेरे आँसू गूँथ, फैल गंभीर मेघ सा,
आच्छादित कर ले सारा आकाश !

यह अमूल्य मोती का साज,
इन सुवर्णमय, सरस परों में
(शुचि स्वभाव से भरे सरों में)
तुझको पहना जगत देख ले; — यह स्वर्गीय प्रकाश !

मंद, विद्युत् सा हँसकर,
वज्र सा उर में धँसकर
गरज, गगन के गान ! गरज गंभीर स्वरों में,
भर अपना संदेश उरों में, औ' अधरों में;
बरस धरा में, बरस सरित, गिरि, सर, सागर में,
हर मेरा संताप, पाप जग का क्षणभर में !

हृदय के सुरभित साँस !
जरा है आदरणीय;
सुखद यौवन ! विलास् उपवन रमणीय;
शैशव ही है एक स्नेह की वस्तु, सरल, कमनीय,
—बालिका ही थी वह भी !

सरलपन ही था उसका मन
निरालापन था आभूषण,
कान से मिले अजान नयन
सहज था सजा सजीला तन !
सुरीले, ढीले अधरों बीच
अधूरा उसका लचका गान
विचक बचपन को, मन को खींच
उचित बन जाता था उपमान !

छपी सी पी सी मृदु मुसकान
छिपी सी, खिंची सखी सी साथ,
उसी की उपमा सी बन, मान
गिरा का धरती थी, धर हाथ !

रँगीले, गीले फूलों-से
अधखिले भावों से प्रमुदित
बाल्य सरिता के कूलों से
खेलती थी तरंग सी नित !
—इसी में था असीम अवसित !

मधुरिमा के मधुमास !
मेरा मधुकर का सा जीवन
कठिन कर्म है, कोमल है मन;
विपुल मृदुल सुमनों से सुरभित,
विकसित है विस्तृत जग उपवन !

यही हैं मेरे तन, मन, प्राण,
यही हैं ध्यान, यही अभिमान;
धूलि की ढेरी में अनजान
छिपे हैं मेरे मधुमय गान !

कुटिल काँटे हैं कहीं कठोर,
जटिल तरु जाल हैं किसी ओर,
सुमन दल चुन चुन कर निशि-भोर
खोजना है अजान वह छोर !
—नवल कलिका थी वह !

उसके उस सरलपने से
मैंने था हृदय सजाया,
नित मधुर मधुर गीतों से
उसका उर था उकसाया !

कह उसे कल्पनाओं की
कल कल्प लता, अपनाया;
बहु नवल भावनाओं का
उसमें पराग था पाया !

मैं मंद हास सा उसके
मृदु अधरों पर मँडराया;
औ' उसकी सुखद सुरभि से
प्रतिदिन समीप खिंच आया !

पावस ऋतु थी, पर्वत प्रदेश,
पल पल परिवर्तित प्रकृति वेश !

मेखलाकार पर्वत अपार
अपने सहस्र दृग सुमन फाड़

अवलोक रहा है बार बार
नीचे जल में निज महाकार;

—जिसके चरणों में पला ताल
दर्पण सा फैला है विशाल ! !

गिरि का गौरव गाकर झर् झर्
मद से नस नस उत्तेजित कर
मोती की लड़ियों से सुन्दर
झरते हैं झाग भरे निर्झर !

गिरिवर के उर से उठ उठकर
उच्चाकांक्षाओं - से तरुवर
हैं झाँक रहे नीरव नभ पर,
अनिमेष, अटल, कुछ चिन्तापर !

—उड़ गया, अचानक, लो, भूधर
फड़का अपार वारिद के पर !
रव शेष रह गए हैं निर्झर
है टूट पड़ा भू पर अंबर !

धँस गए धरा में सभय शाल
उठ रहा धुंआ, जल गया ताल !
—यों जलद यान में विचर, विचर,
था इन्द्र खेलता इन्द्रजाल !
(वह सरला उस गिरि को कहती थी बादल घर !)

इस तरह मेरे चितेरे हृदय की
बाह्य प्रकृति बनी चमत्कृत चित्र थी;
सरल शैशव की सुखद सुधि सी वही
बालिका मेरी मनोरम मित्र थी !

(भादों)

दीप के बचे विकास !

अनिल सा लोक लोक में,
हर्ष में और शोक में,
कहाँ नहीं है स्नेह ? साँस सा सबके उर में !

रुदन, क्रीड़न, आलिंगन,
भरण, सेवन, आराधन,
शशि की सी ये कलित कलाएँ किलक रही हैं पुर पुर में !

यही तो है बचपन का हास
खिले यौवन का मधुप विलास,
प्रौढ़ता का वह बुद्धि विकास,
जरा का अंतर्नयन प्रकाश !
जन्मदिन का है यही हुलास,
मृत्यु का यही दीर्घ निःश्वास !

है यह वैदिक वाद;
विश्व का सुख दुखमय उन्माद !
एकतामय है इसका नाद—

गिरा हो जाती है सनयन,
नयन करते नीरव भाषण;
श्रवण तक आ जाता है मन,
स्वयं मन करता बात श्रवण !

अश्रुओं में रहता है हास
हास में अश्रुकणों का भास;
श्वास में छिपा हुआ उच्छ्वास
और उच्छ्वासों ही में श्वास !

बँधे हैं जीवन तार;
सब में छिपी हुई है यह झंकार !
हो जाता संसार
नहीं तो दारुण हाहाकार !

मुरली के-से सुरसीले
हैं इसके छिद्र सुरीले;
अगणित होने पर भी तो
तारों-से हैं चमकीले !

अचल हो उठते हैं चंचल;
चपल बन जाते हैं अविचल;

पिघल पड़ते हैं पाहन दल;
कुलिश भी हो जाता कोमल !

चढ़ाता भी है तो गुण से
डोर कर में है, मन आकाश;
पटकता भी है तो गुण से,
खींचने को चकई सा पास !

मर्म पीड़ा के हास !
रोग का है उपचार;
पाप का भी परिहार;
है अदेह संदेह, नहीं है इसका कुछ संस्कार !
हृदय की है यह दुर्बल हार !!

खींच लो इसको, कहीं क्या छोर है ?
द्रौपदी का यह दुरंत दुकूल है !
फैलता है हृदय में नभ बेलि सा,
खोज लो, इसका कहीं क्या मूल है ?

यही तो काँटे सा चुपचाप
उगा उस तरुवर में, सुकुमार
सुमन वह था जिसमें अविकार–
बेध डाला मधुकर निष्पाप ! !

बड़ों में दुर्बलता है शाप !
नहीं चल सकते गिरिवर राह,
न रुक सकता है सौरभवाह !

तरल हो उठता उदधि अथाह,
सूर का दुख देता है दाह !
देख हाय ! यह, उर से रह रह निकल रही है आह,
व्यथा का रुकता नहीं प्रवाह !

सिड़ी के गूढ़ हुलास !
बीनते हैं प्रसून दल;
तोड़ते ही हैं मृदु फल;
देखा नहीं किसी को चुनते कोमल कोंपल ! !

अभी पल्लवित हुआ था स्नेह,
लाज का भी न गया था राग;
पड़ा पाला सा हा ! संदेह,
कर दिया वह नव राग विराग !

हो गया था पतझड़, मधुकाल,
पत्र तो आते हाय, नवल !
झड़ गये स्नेह वृंत से फूल,
लगा यह असमय कैसा फल ! !

मिले थे दो मानस अज्ञात,
स्नेह शशि बिम्बित था भरपूर;

अनिल सा कर अकरुण आघात,
प्रेम प्रतिमा कर दी वह चूर !!

घूमता है सम्मुख वह रूप
सुदर्शन हुए सुदर्शन चक्र !
ढाल सा रखवाला शशि आज
हो गया है हा ! असि सा वक्र !!

बालकों का सा मारा हाथ,
कर दिए विकल हृदय के तार !
नहीं अब रुकती है झंकार,
यही था हा ! क्या एक सितार ?
हुई मरु की मरीचिका आज,
मुझे गंगा की पावन धार !

कहाँ है उत्कंठा का पार !!
इसी वेदना में विलीन हो अब मेरा संसार !
तुम्हें, जो चाहो, है अधिकार !
टूट जा यहीं यह हृदय हार !!!

× × ×

कौन जान सका किसी के हृदय को ?
सच नहीं होता सदा अनुमान है !
कौन भेद सका अगम आकाश को ?
कौन समझ सका उदधि का गान है ?
है सभी तो ओर दुर्बलता यही,
समझता कोई नहीं—क्या सार है !
निरपराधों के लिए भी तो अहा !
हो गया संसार कारागार है !!

(सितम्बर, १९२१)

आँसू

(भादों की भरन)

(१)

अपलक आँखों में
उमड़ उर के सुरभित उच्छ्वास !
सजल जलधर से बन जलधार;
प्रेममय वे प्रिय पावस मास
पुनः नयनों में कर साकार;
मूक कणों की कातर वाणी भर इनमें अविकार,
दिव्य स्वर पा आँसू का तार
बहा दे हृदयोद्गार !

आह, यह मेरा गीला गान !
वर्ण वर्ण है उर की कंपन,
शब्द शब्द है सुधि की दंशन;
चरण चरण है आह,
कथा है कण कण करुण अथाह;
बूंद में है बाड़व का दाह !
प्रथम भी ये नयनों के बाल
खिलाये हैं नादान;
आज मणियों ही की तो माल
हृदय में बिखर गई अनजान !

टूटते हैं असंख्य उड़गण,
रिक्त हो गया चाँद का थाल !

गल गया मन मिश्री का कन,
नई सीखी पलकों ने बान !

विरह है अथवा यह वरदान !
कल्पना में है कसकती वेदना,
अश्रु में जीता, सिसकता गान है;
शून्य आहों में सुरीले छंद हैं,
मधुर लय का क्या कहीं अवसान है !

वियोगी होगा पहिला कवि,
आह से उपजा होगा गान;
उमड़ कर आँखों से चुपचाप
बही होगी कविता अनजान !

हाय, किसके उर में
उतारूँ अपने उर का भार !
किसे अब दूँ उपहार
गूँथ यह अश्रुकणों का हार !!

मेरा पावस ऋतु सा जीवन,
मानस सा उमड़ा अपार मन;
गहरे, धुँधले, धुले, साँवले,
मेघों-से मेरे भरे नयन !

कभी उर में अगणित मृदु भाव
कूजते हैं विहगों-से हाय !
अरुण कलियों-से कोमल घाव
कभी खुल पड़ते हैं असहाय !

इंद्रधनु सा आशा का सेतु
अनिल में अटका कभी अछोर,
कभी कुहरे सी धूमिल घोर,
दीखती भावी चारों ओर !

तड़ित् सा सुमुखि ! तुम्हारा ध्यान
प्रभा के पलक मार, उर चीर,
गूढ़ गर्जन कर जब गंभीर
मुझे करता है अधिक अधीर,

जुगनुओं - से उड़ मेरे प्राण
खोजते हैं तब तुम्हें निदान !

धधकती है जलदों से ज्वाल,
बन गया नीलम व्योम प्रवाल;
आज सोने का संध्याकाल
जल रहा जतुगृह-सा विकराल;

पटक रवि को बलि सा पाताल
एक ही वामन पग में—
लपकता है तमिस्र तत्काल,
—धुएँ का विश्व विशाल !

चिनगियों - से तारों को डाल
आग का सा अँगार शशि लाल
लहकता है, फैला मणि ज्वाल
जगत को डसता है तम व्याल !

पूर्व सुधि सहसा जब सुकुमारि !
सरल शुक सी सुखकर सुर में
तुम्हारी भोली बातें
कभी दुहराती है उर में;

अगन - से मेरे पुलकित प्राण
सहस्रों सरस स्वरों में कूक,
तुम्हारा करते हैं आह्वान,
गिरा रहती है श्रुति सी मूक !

देखता हूँ, जब उपवन
पियालों में फूलों के
प्रिये ! भर भर अपना यौवन
पिलाता है मधुकर को;

नवोढ़ा बाल लहर
अचानक उपकूलों के
प्रसूनों के ढिंग रुक कर
सरकती है सत्वर;

अकेली आकुलता सी प्राण !
कहीं तब करती मृदु आघात,
सिहर उठता कृश गात,
ठहर जाते हैं पग अज्ञात !

देखता हूँ, जब पतला
इंद्रधनुषी हलका
रेशमी घूंघट बादल का
खोलती है कुमुद कला;

तुम्हारे ही मुख का तो ध्यान
मुझे करता तब अंतर्धान;
न जाने तुमसे मेरे प्राण
चाहते क्या आदान !

× × ×

बादलों के छायामय मेल
घूमते हैं आँखों में, फैल !
अवनि औ' अंबर के वे खेल
शैल में जलद, जलद में शैल !
शिखर पर विचर मरुत रखवाल
वेणु में भरता था जब स्वर,
मेमनों - से मेघों के बाल
कुदकते थे प्रमुदित गिरि पर !

द्विरद दंतों - से उठ सुंदर
सुखद कर सीकर - से बढ़ कर,
भूति - से शोभित बिखर बिखर,
फैल फिर कटि के - से परिकर,
बदल यों विविध वेश जलधर
बनाते थे गिरि को गजवर !

इंद्रधनु की सुनकर टंकार
उचक चपला के चंचल बाल,
दौड़ते थे गिरि के उस पार
देख उड़ते - विशिखों की धार;

मरुत जब उनको द्रुत चुमकार,
रोक देता था मेघासार !

अचल के जब वे विमल विचार
अवनि से उठ उठ कर ऊपर,
विपुल व्यापकता में अविकार
लीन हो जाते थे सत्वर,

विहंगम सा बैठा गिरि पर
सुहाता था विशाल अंबर!

पपीहों की वह पीन पुकार,
निर्झरों की भारी झर झर;
झींगुरों की झीनी झनकार
घनों की गुरु गंभीर घहर;
बिन्दुओं की छनती छनकार,
दादुरों के वे दुहरे स्वर,

हृदय हरते थे विविध प्रकार
शैल-पावस के प्रश्नोत्तर!

खैंच ऐंचीला भ्रू सुरचाप—
शैल की सुधि यों बारंबार—
हिला हरियाली का सुदुकूल,
झुला झरनों का झलमल-हार;
जलद पट से दिखला मुख चंद्र,
पलक पल पल चपला के मार;

भग्न उर पर भूधर सा हाय!
सुमुखि! धर देती है साकार!

(२)

करुण है हाय! प्रणय,
नहीं दुरता है जहाँ दुराव;

करुणतर है वह भय
चाहता है जो सदा बचाव;

करुणतम भग्न हृदय,
नहीं भरता है जिसका घाव,
करुण अतिशय उनका संशय
छुड़ाते हैं जो जुड़े स्वभाव!!

किए भी हुआ कहाँ संयोग?
टला टाले कब इसका वास?
स्वयं ही तो आया यह पास,
गया भी, बिना प्रयास!

कभी तो अब तक पावन प्रेम
नहीं कहलाया पापाचार,
हुई मुझको ही मदिरा आज
हाय क्या गंगाजल की धार!!

हृदय! रो, अपने दुख का भार!
हृदय! रो, उनको है अधिकार!
हृदय! रो यह जड़ स्वेच्छाचार,
शिशिर का सा समीर संचार!

प्रथम, इच्छा का पारावार,
सुखद आशा का स्वर्गाभास;
स्नेह का वासंती संसार,
पुनः उच्छ्वासों का आकाश!

—यही तो है जीवन का गान,
सुख का आदि और अवसान!

सिसकते हैं समुद्र-से मन,
उमड़ते हैं नभ-से लोचन;

विश्व वाणी ही है क्रंदन,
विश्व का काव्य अश्रु कन !

गगन के भी उर में हैं घाव,
देखतीं ताराएँ भी राह;
बँधा विद्युत् छबि में जलवाह
चंद्र की चितवन में भी चाह;

दिखाते जड़ भी तो अपनाव
अनिल भी भरती ठंडी आह !

हाय ! मेरा जीवन,
प्रेम औ' आँसू के कन !
आह मेरा अक्षय धन,
अपरिमित सुंदरता औ' मन !

—एक वीणा की मृदु झंकार !
कहाँ है सुंदरता का पार !
तुम्हें किस दर्पण में सुकुमारि !
दिखाऊँ मैं साकार ?
तुम्हारे छूने में था प्राण,
संग में पावन गंगा स्नान;
तुम्हारी वाणी में कल्याणि !
त्रिवेणी की लहरों का गान !
अपरिचित चितवन में था प्रात,
सुधामय साँसों में उपचार !
तुम्हारी छाया में आधार,
सुखद चेष्टाओं में आभार !

करुण भोहों में था आकाश,
हास में शैशव का संसार;

तुम्हारी आँखों में कर वास
प्रेम ने पाया था आकार !

कपोलों में उर के मृदु भाव
श्रवण नयनों में प्रिय बर्ताव;
सरल संकेतों में संकोच;
मृदुल अधरों में मधुर दुराव !
उषा का था उर में आवास,
मुकुल का मुख में मृदुल विकास,
चाँदनी का स्वभाव में भास
विचारों में बच्चों के साँस !
बिन्दु में थी तुम सिन्धु अनंत
एक सुर में समस्त संगीत,
एक कलिका में अखिल वसंत,
धरा में थी तुम स्वर्ग पुनीत !

विधुर उर के मृदु भावों से
तुम्हारा कर नित नव श्रृंगार,
पूजता हूँ मैं तुम्हें कुमारि !
मूँद दुहरे दृग द्वार !
अचल पलकों में मूर्ति सँवार
पान करता हूँ रूप अपार,
पिघल पड़ते हैं प्राण,
उबल चलती है दृगजल धार !

बालकों सा ही तो मैं हाय !
याद कर रोता हूँ अनजान;
न जाने, होकर भी असहाय,
पुनः किससे करता हूँ मान !

× × ×

सुप्ति हो स्वल्प वियोग
नव मिलन को अनिमेष,
दैव ! जीवन भर का विश्लेष···
मृत्यु ही है निःशेष !!

× × ×

मूंद पलकों में प्रिया के ध्यान को
थाम ले अब, हृदय ! इस आह्वान को !
त्रिभुवन की भी तो श्री भर सकती नहीं
प्रेयसी के शून्य, पावन स्थान को !
तेरे उज्वल आँसू सुमनों में सदा
वास करेंगे, भग्न हृदय, उनकी व्यथा
अनिल पोंछेगी, करुण उनकी कथा
मधुप बालिकाएँ गाएँगी सर्वदा !

(दिसम्बर, १९२१)

विनय

मा ! मेरे जीवन की हार
तेरा मंजुल हृदय हार हो,
अश्रुकणों का यह उपहार,

मेरे सफल श्रमों का सार
तेरे मस्तक का हो उज्वल
श्रमजलमय मुक्तालंकार !

मेरे भूरि दुखों का भार
तेरी उर इच्छा का फल हो,
तेरी आशा का श्रृंगार,

मेरे रति, कृति, व्रत, आचार
मा ! तेरी निर्भयता हों नित
तेरे पूजन के उपचार—
यही विनय है बारंबार !

(जनवरी, १९१८)

वीचि विलास

अरी सलिल की लोल हिलोर !
यह कैसा स्वर्गीय हुलास ?
सरिता की चंचल दृग कोर !
यह जग को अविदित उल्लास !

आ, मेरे मृदु अंग झकोर,
नयनों को निज छबि में बोर,
मेरे उर में भर यह रोर !

गूढ़ साँस सी यति गतिहीन
अपनी ही कंपन में लीन,
सजल कल्पना सी साकार
पुनः पुनः प्रिय, पुनः नवीन,

तुम शैशव स्मिति सी सुकुमार,
मर्म रहित, पर मधुर अपार,
खिल पड़ती हो बिना विचार !

वारि बेलि सी फैल अमूल,
छा अपत्र सरिता के कूल,
विकसा औ' सकुचा नवजात
बिना नाल के फेनिल फूल;

छुईमुई सी तुम पश्चात्
छूकर अपना ही मृदु गात,
मुरझा जाती हो अज्ञात!

स्वर्ण स्वप्न सी कर अभिसार
जल के पलकों में सुकुमार,
फूट आप ही आप अजान
मधुर वेणु की सी झंकार;

तुम इच्छाओं सी असमान,
छोड़ चिह्न उर में गतिवान,
हो जाती हो अंतर्धान!

मुग्धा की सी मृदु मुसकान
खिलते ही लज्जा से म्लान;
स्वर्गिक सुख की सी आभास—
अतिशयता में अचिर, महान—

दिव्य भूति सी आ तुम पास,
कर जाती हो क्षणिक विलास,
आकुल उर को दे आश्वास!

ताल ताल में थिरक अमन्द,
सौ सौ छन्दों में स्वच्छन्द
गाती हो निस्तल के गान,
सिन्धु गिरा सी अगम, अनन्त;

इंदु करों से लिख अम्लान
तारों के रोचक आख्यान,
अंबर के रहस्य द्युतिमान!

चला मीन दृग चारो ओर,
गह गह चंचल अंचल छोर,

रुचिर रुपहरे पंख पसार
अरी वारि की परी किशोर !

तुम जल थल में अनिलाकार,
अपनी ही लघिमा पर वार,
करती हो बहुरूप विहार !

अंग भंगि में व्योम मरोर,
भौंहों में तारों के भौंर
नचा, नाचती हो भर पूर
तुम किरणों की बना हिंडोर,

निज अधरों पर कोमल क्रूर,
शशि से दीपित प्रणय कपूर
चाँदी का चुम्बन कर चूर !

खेल मिचौनी सी निशि भोर,
कुटिल काल का भी चित चोर,
जन्म मरण से कर परिहास,
बढ़ असीम की ओर अछोर;

तुम फिर फिर सुधि ही सोच्छ्वास,
जी उठती हो बिना प्रयास,
ज्वाला सी, पाकर वातास !

ओ अकूल की उज्वल हास !
अरी अतल की पुलकित श्वास !
महानन्द की मधुर उमंग !
चिर शाश्वत की अस्थिर लास !

मेरे मन की विविध तरंग
रंगिणि ! सब तेरे ही संग
एक रूप में मिलें अनंग !

(मई, १६२३)

मधुकरी

सिखा दो ना, हे मधुप कुमारि !
मुझे भी अपने मीठे गान,
कुसुम के चुने कटोरों से,
करा दो ना, कुछ कुछ मधुपान !

नवल कलियों के धोरे झूम,
प्रसूनों के अधरों को चूम,
मुदित, कवि सी तुम अपना पाठ
सीखती हो सखि ! जग में घूम;

सुना दो ना, तब हे सुकुमारि !
मुझे भी ये केसर के गान !

किसी के उर में तुम अनजान
कभी बँध जाती, बन चितचोर;
अधखिले, खिले, सुकोमल गान
गूंथती हो फिर उड़ उड़ भोर;

मुझे भी बतला दो न कुमारि !
मधुर निशि स्वप्नों के वे गान !

सूंघ चुन कर, सखि ! सारे फूल,
सहज बिंध बँध, निज सुख दुख भूल,

सरस रचती हो ऐसा राग
धूल बन जाती है मधुमूल;

पिला दो ना, तब हे सुकुमारि!
इसी से थोड़े मधुमय गान;
कुसुम के खुले कटोरों से
करा दो ना, कुछ कुछ मधुपान!

(सितम्बर १६२२)

अनंग

अहे विश्व अभिनय के नायक !
अखिल सृष्टि के सूत्राधार !
उर उर की कंपन में व्यापक !
ऐ त्रिभुवन के मनोविकार !

ऐ असीम सौन्दर्य सिन्धु की
विपुल वीचियों के श्रृंगार !
मेरे मानस की तरंग में
पुनः अनंग ! बनो साकार !

आदि काल में बाल प्रकृति जब
थी प्रसुप्त, मृतवत्, हत ज्ञान,
शस्य शून्य वसुधा का अंचल,
निश्चल जलनिधि, रवि शशि म्लान;

प्रथम हास-से, प्रथम अश्रु-से
प्रथम पुलक-से, हे छविमान !
स्मृति-से, विस्मय-से तुम सहसा
विश्व स्वप्न-से खिले अजान !

प्रथम कल्पना कवि के मन में,
प्रथम प्रकंपन उड़गन में,
प्रथम प्रात जग के आँगन में,
प्रथम वसंत विभा वन में;

प्रथम वीचि वारिधि चितवन में
प्रथम तड़ित् चुंबन घन में,
प्रथम गान तब शून्य गगन में
फूटा, नव यौवन तन में !

भूल जगत की उर कंपन में,
पुलकावलि में हँस अविराम,
मृदुल कल्पनाओं से पोषित,
भावों से भूषित अभिराम,

तुमने भौंरों की गुंजित ज्या,
कुसुमों का लीलायुध थाम,
अखिल भुवन के रोम रोम में,
केशर शर भर दिए सकाम !

नव वसन्त के सरस स्पर्श से
पुलकित वसुधा बारंबार
सिहर उठी स्मित शस्यावलि में,
विकसित चिर यौवन के भार;

फूट पड़ा कलिका के उर से
सहसा सौरभ का उद्गार,
गंध मुग्ध हो अंध समीरण
लगा थिरकने विविध प्रकार !

अगणित बाँहें बढ़ा उदधि ने
इंदु करों से आलिंगन
बदले, विपुल चटुल लहरों ने
तारों से फेनिल चुम्बन;

अपनी ही छवि से विस्मित हो
जगती के अपलक लोचन

सुमनों की पलकों पर सुख से
करने लगे सलिल मोचन !

सौ सौ साँसों में पत्रों की
उमड़ी हिमजल सस्मित भोर
मूक विहग कुल के कंठों से
उठी मधुर संगीत हिलोर;

विश्व विभव सी बाल उषा की
उड़ा सुनहली अंचल छोर,
शत हर्षित ध्वनियों से आहत
बढ़ा गंधवह नभ की ओर !

शून्य शिराओं में संसृति की
हुआ विचारों का संचार,
नारी के गंभीर हृदय का
गूढ़ रहस्य बना साकार;

मिला लालिमा में लज्जा की
छिपा एक निर्मल संसार,
नयनों में निःसीम व्योम औ'
उरोरुहों में सुरसरि धार !

अंबुधि के जल में अथाह छवि,
अंबर में उज्वल आह्लाद,
ज्योत्स्ना में अपनी अजानता,
मेघों में उदार संवाद;

विपुल कल्पनाएँ लहरों में
तरु छाया में विरह विषाद,
मिली तृषा सरिता की गति में,
तम में अगम, गहन उन्माद !

सुमन हास में, तुहिन अश्रु में,
मौन मुकुल, अलि गुंजन में,
इंद्रधनुष में, जलद पंख में,
अस्फुट बुद्बुद क्रंदन में,

खद्योतों के मलिन दीप में,
शिशु की स्मिति, तुतलेपन में,
एक भावना, एक रागिनी,
एक प्रकाश मिला मन में !

मृगियों ने चंचल अवलोकन,
औ' चकोर ने निशाभिसार,
सारस ने मृदु ग्रीवालिंगन,
हंसों ने गति, वारि विहार;

पावस लास प्रमत्त शिखी ने
प्रमदा ने सेवा, शृंगार
स्वाति तृषा सीखी चातक ने,
मधुकर ने मादक गुंजार !

शून्य वेणु उर से तुम कितनी
छेड़ चुके तब से प्रिय तान,
यमुना की नीली लहरों में
बहा चुके कितने कल गान;

कहाँ मेघ औ' हंस ? किन्तु तुम
भेज चुके संदेश अजान,
तुड़ा मरालों से मंदर धनु
जुड़ा चुके तुम अगणित प्राण !

जीवन के सुख दुख से सुरभित
कितने काव्य कुसुम सुकुमार,

करुण कथाओं की मृदु कलियाँ—
मानव उर के-से शृंगार—

कितने छंदों में, तालों में,
कितने रागों में अविकार
फूट रहे नित, अहे विश्वमय !
तब से जगती के उद्गार !

विपुल कल्पना से, भावों से,
खोल हृदय के सौ सौ द्वार,
जल, थल, अनिल, अनल, नभ से कर
जीवन को फिर एकाकार;

विश्व मंच पर हास अश्रु का
अभिनय दिखला बारंबार,
मोह यवनिका हटा, कर दिया
विश्व रूप तुमने साकार !

हे त्रिलोकजित् ! नव वसंत की
विकच पुष्प शोभा सुकुमार
सहम, तुम्हारे मृदुल करों में
झुकी धनुष सी है साभार;

वीर ! तुम्हारी चितवन चंचल
विजय ध्वजा में मीनाकार
कामिनि की अनिमेष नयन छवि
करती नित नव बल संचार !

बजा दीर्घ साँसों की भेरी,
सजा सटे कुच कलशाकार,
पलक पाँवड़े बिछा, खड़े कर
रोओं में पुलकित प्रतिहार;

बाल युवतियाँ तान कान तक
चल चितवन के बंदनवार,
देव ! तुम्हारा स्वागत करतीं
खोल सतत उत्सुक दृग द्वार !

पाकर अबला के पलकों से
मदन ! तुम्हारा प्रखर प्रहार,
जब निरस्त त्रिभुवन का यौवन
गिरकर प्रबल तृषा के भार,

रोमावलि की शर शय्या में
तड़प तड़प, करता चीत्कार,
हरते हो तब तुम जग का दुख,
बहा प्रेम सुरसरि की धार !

ऐ त्रिनयन की नयन वह्नि के
तप्त स्वर्ण, ऋषियों के गान,
नवजीवन, षड्ऋतु परिवर्तन,
नव रसमय, जगती के प्राण !

ऐ असीम सौन्दर्य राशि में
हृत्कंपन - से अन्तर्धान,
विश्व कामिनी की पावन छवि
मुझे दिखाओ, करुणावान !

(सितम्बर, १९२३)

मोह

छोड़ द्रुमों की मृदु छाया,
तोड़ प्रकृति से भी माया,
बाले ! तेरे बाल जाल में कैसे उलझा दूँ लोचन ?
भूल अभी से इस जग को !

तज कर तरल तरंगों को,
इंद्रधनुष के रंगों को,
तेरे भ्रू भंगों से कैसे विंधवा दूँ निज मृग सा मन ?
भूल अभी से इस जग को !

कोयल का वह कोमल बोल,
मधुकर की वीणा अनमोल,
कह, तब तेरे ही प्रिय स्वर से कैसे भर लूँ सजनि ! श्रवन ?
भूल अभी से इस जग को !

ऊषा सस्मित किसलय दल,
सुधारश्मि से उतरा जल,
ना, अधरामृत ही के मद में कैसे बदला दूँ जीवन ?
भूल अभी से इस जग को !

(जनवरी, १९१८)

मौन निमन्त्रण

स्तब्ध ज्योत्स्ना में जब संसार
चकित रहता शिशु सा नादान,
विश्व के पलकों पर सुकुमार
विचरते हैं जब स्वप्न अजान;

न जाने, नक्षत्रों से कौन
निमंत्रण देता मुझको मौन !

सघन मेघों का भीमाकाश
गरजता है जब तमसाकार,
दीर्घ भरता समीर निःश्वास,
प्रखर झरती जब पावस धार;

न जाने, तपक तड़ित में कौन
मुझे इंगित करता तब मौन !

देख वसुधा का यौवन भार
गूँज उठता है जब मधुमास,
विधर उर के-से मृदु उद्‌गार
कुसुम जब खुल पड़ते सोच्छ्‌वास;

न जाने, सौरभ के मिस कौन
सँदेशा मुझे भेजता मौन !

क्षुब्ध जल शिखरों को जब वात
सिन्धु में मथकर फेनाकार,
बुलबुलों का व्याकुल संसार
बना बिथुरा देती अज्ञात;

उठा तब लहरों से कर कौन
न जाने, मुझे बुलाता मौन !

स्वर्ण, सुख, श्री, सौरभ में भोर
विश्व को देती है जब बोर,
विहग कुल की कल कंठ हिलोर
मिला देती भू नभ के छोर;

न जाने, अलस पलक दल कौन
खोल देता तब मेरे मौन !

तुमुल तम में जब एकाकार
ऊँघता एक साथ संसार,
भीरु झींगुर कुल की झनकार
कँपा देती तंद्रा के तार;

न जाने, खद्योतों से कौन
मुझे पथ दिखलाता तब मौन !

कनक छाया में, जब कि सकाल
खोलती कलिका उर के द्वार,
सुरभि पीड़ित मधुपों के बाल
तड़प, बन जाते हैं गुंजार,

न जाने, ढुलक ओस में कौन
खींच लेता मेरे दृग मौन !

बिछा कार्यों का गुरुतर भार
दिवस को दे सुवर्ण अवसान,

शून्य शय्या में, श्रमित अपार,
जुड़ाती जब मैं आकुल प्राण;

न जाने मुझे स्वप्न में कौन
फिराता छाया जग में मौन !

न जाने कौन, अये द्युतिमान !
जान मुझको अबोध, अज्ञान,
सुझाते हो तुम पथ अनजान,
फूँक देते छिद्रों में गान;

अहे सुख दुख के सहचर मौन !
नहीं कह सकती तुम हो कौन !

(नवम्बर, १९२३)

बसन्त श्री

उस फैली हरियाली में,
कौन अकेली खेल रही मा !
वह अपनी वय बाली में ?
सजा हृदय की थाली में—

क्रीड़ा, कौतूहल, कोमलता,
मोद, मधुरिमा, हास, विलास,
लीला, विस्मय, अस्फुटता भय,
स्नेह, पुलक, सुख, सरल हुलास,
ऊषा की मृदु लाली में—

किसका पूजन करती पल पल
बाल चपलता से अपनी ?
मृदु कोमलता से वह अपनी,
सहज सरलता से अपनी ?
मधुऋतु की तरु डाली में—

रूप, रंग, रज, सुरभि, मधुर मधु,
भर भर मुकुलित अंगों में
मा ! क्या तुम्हें रिझाती है वह ?
खिल खिल बाल उमंगों में,
हिल मिल हृदय तरंगों में ?

(मार्च, १९१८)

स्वप्न

बालक के कंपित अधरों पर
किस अतीत स्मृति का मृदु हास
जग की इस अविरत निद्रा का
करता नित रह रह उपहास ?

उन स्वप्नों की स्वर्ण सरित का
सजनि ! कहाँ शुचि जन्मस्थान,
मुसकानों में उछल उछल मृदु
बहती वह किस ओर अजान ?

किन कर्मों की जीवित छाया
उस निद्रित विस्मृति के संग
आँखमिचौनी खेल रही वह,
किन भावों की गूढ़ उमंग ?

मुंदे नयन पलकों के भीतर
किस रहस्य का सुखमय चित्र
गुप्त वंचना के मादक कर
खींच रहे सखि ! स्वर्ण विचित्र ?

निद्रा के उस अलसित वन में
वह क्या भावी की छाया
दृग पलकों में विचर रही, या
वन्य देवियों की माया ?

नयन नीलिमा के लघु नभ में
अलि ! किस सुखमा का संसार
विरल इंद्रधनुषी बादल सा
बदल रहा निज रूप अपार ?

मुकुलित पलकों के प्यालों में
किस स्वप्निल मदिरा का राग
इंद्रजाल सा गूँथ रहा नव,
किन पुष्पों का स्वर्ण पराग ?

किन इच्छाओं के पंखों में
उड़ उड़ ये आँखें अनजान
मधु बालों सी, छाया - वन की
कलियों का मधु करतीं पान ?

मानस की फेनिल लहरों पर
किस छवि की किरणें अज्ञात
रजत स्वर्ण में लिखतीं अविदित
तारक लोकों की शुचि बात ?

किन जन्मों की चिर संचित सुधि
बजा सुप्त तंत्री के तार
नयन नलिन में बँधी मधुप सी
करती मर्म मधुर गुंजार ?

पलक यवनिका के भीतर छिप,
हृदय मंच पर छा छविमय,
सजनि ! अलस से मायावी शिशु
खेल रहे कैसा अभिनय ?

मीलित नयनों का अपना ही
यह कैसा छायामय लोक,

अपने ही सुख दुख, इच्छाएं
अपनी ही छवि का आलोक !

मौन मुकुल में छिपा हुआ जो
रहता विस्मय का संसार
सजनि ! कभी क्या सोचा तू ने
वह किसका शुचि शयनागार !

प्रथम स्वप्न उसमें जीवन का
रहता चिर अविकच, अज्ञान,
जिसे न चिन्ता छू पाती औ'
जो केवल मृदु अस्फुट गान !

जब शशि की शीतल छाया में
रुचिर रजत किरणें सुकुमार
प्रथम खोलतीं नव कलिका के
अंतःपुर के कोमल द्वार,

अलि बाला से सुन तब सहसा-
'जग है केवल स्वप्न असार',
अर्पित कर देती मारुत को
वह अपने सौरभ का भार !

हिम जल बन, तारक पलकों से
उमड़ मोतियों - से अवदात,
सुमनों के अधखुले दृगों में
स्वप्न लुढ़कते जो नित प्रात;

उन्हें सहज अंचल में चुन, चुन,
गूँथ उषा किरणों में हार
क्या अपने उर के विस्मय का
तूने कभी किया शृंगार ?

विजन नीड़ में चौंक अचानक
विटप बालिका पुलकित गात
निज सुवर्ण स्वप्नों की गाथा
गा गा कर कहती अज्ञात;

सजनि ! कभी क्या सोचा तूने
तरुओं के तम में चुपचाप,
दीप शलभ दीपों को चमका
करते जो मृदु मौनालाप ?

जलनिधि को मृदु पुलकावलि सी
सलिल बालिकाएँ सुकुमार
स्वप्न सिन्धु सी उमड़, अतल के
बतलातीं क्या भेद अपार ?

अलि ! किस स्वप्नों की भाषा में
इंगित करते तरु के पात,
कहाँ प्रात को छिपती प्रतिदिन
वह तारक स्वप्नों की रात ?

दिनकर की अंतिम किरणों ने
उस नीरव तरु के ऊपर
स्वप्नों का जो स्वर्ण जाल है
फैलाया सुखमय, सुंदर;

विहग बालिका बन हम दोनों,
बैठ वहाँ पल भर एकांत,
चल सखि ! स्वप्नों पर कुछ सोचें,
दूर करें निज भ्रांति नितांत !

सजनि ! हमारा स्वप्न सदन क्यों
सिहर उठा सहसा थर् थर् !

किस अतीत के स्वप्न अनिल में
गूंज उठे, कर मृदु मर् मर् !

विरस डालियों से यह कैसा
फूट रहा हा ! रुदन मलिन,-
'हम भी हरी भरी थीं पहिले,
पर अब स्वप्न हुए वे दिन !'

पत्रों के विस्मित अधरों से
संसृति का अस्फुट संगीत
मौन निमंत्रण भेज रहा वह
अंधकार के पास सभीत !

सघन द्रुमों में झूम रहा अब
निद्रा का नीरव निःश्वास,
मूँद रहा घन अंधकार में
रह रह अलस पलक आकाश !

जग के निद्रित स्वप्न सजनि ! सब
इसी अंध तम में बहते.
पर जागृति के स्वप्न हमारे
सुप्त हृदय ही में रहते !

अह, किस गहरे अंधकार में
डूब रहा धीरे संसार,
कौन जानता है, कब इसके
छूटेंगे ये स्वप्न असार !

अलि ! क्या कहती है, प्राची से
फिर उज्ज्वल होगा आकाश ?
पर, मेरे तम पूर्ण हृदय में
कौन भरेगा प्रकृत प्रकाश !

(नवम्बर, १९१९)

मुसकान

कहेंगे क्या मुझसे सब लोग
कभी आता है इसका ध्यान ?
रोकने पर भी तो सखि ! हाय,
नहीं रुकती है यह मुसकान !

विपिन में पावस के-से दीप
सुकोमल, सहसा, सौ सौ भाव
सजग हो उठते नित उर बीच,
नहीं रख सकती तनिक दुराव !
कल्पना के ये शिशु नादान
हँसा देते हैं मुझे निदान !

तारकों से पलकों पर कूद
नींद हर लेते नव नव भाव,
कभी बन हिमजल की लघु बूँद
बढ़ाते मुझसे चिर अपनाव;

गुदगुदाते ये तन, मन, प्राण,
नहीं रुकती तब यह मुसकान !

कभी उड़ते-पत्तों के साथ
मुझे मिलते मेरे सुकुमार,
बढ़ा कर लहरों से निज हाथ
बुलाते, फिर, मुझको उस पार;

नहीं रखती मैं जग का ज्ञान,
और हँस पड़ती हूँ अनजान !
रोकने पर भी तो सखि ! हाय,
नहीं रुकती तब यह मुसकान !

(अगस्त, १९२२)

विश्व वेणु

हाँ, -हम मारुत के मृदुल झकोर,
नील व्योम के अंचल छोर;
बाल कल्पना - से अनजान
फिरते रहते हैं निशि भोर;
उर उर के प्रिय, जग के प्राण !

हरियाली से ढँक मृदु गात,
कानों में भर सौ सौ बात;
हमें झुलाते हैं अविराम
विश्व पुलक - से तरु के पात,
कुसुमित पलनों में अभिराम !

चारु नभचरों - से वय हीन,
अपनी ही मृदु छवि में लीन,
कर सहसा शीतल भ्रू पात,
चंचलपन ही में आसीन,
हम पुलकित कर देते गात !

गुंजित कुंजों में सुकुमार,
(भौंरों के सुरभित अभिसार)
आ, जा, खोल, फेर, स्वच्छंद
पत्रों के बहु छिद्रित द्वार,
हम क्रीड़ा करते सानंद !

चूम मौन कलियों का मान,
खिला मलिन मुख में मुसकान,
गूढ़ स्नेह का सा निःश्वास
पा कुसुमों से सौरभ दान,
छा जाते हम अवनि अकास !

चंचल कर सरसी के प्राण,
सौ सौ स्वप्नों सी छबिमान,
लहरों में खिल सानुप्रास,
गा वारिधि छंदों में गान,
करते हम ज्योत्स्ना का लास !

छेड़ वेणु वन में आलाप,
जगा रेणु के लोड़ित साँप;
भय से पीले तरु के पात
भगा बावलों - से बे - आप,
करते नित नाना उत्पात !

अस्थि हीन जलदों के बाल,
खींच मींच औ' फेंक, उछाल,
रचते विविध मनोहर रूप
मार जिला उनको तत्काल,
फैला माया जाल अनूप !

निज अविरल गति में उड्डीन,
उच्छृंखलता में स्वाधीन;
वातायन से आ द्रुत भोर
लेते मृदु पलकों को छीन
हम सुखमय स्वप्नों के चोर !

चुन कलियों की कोमल साँस
किसलय अधरों का हिम हास;

चिर अतीत स्मृति सी अनजान
ला सुमनों की मृदुल सुवास
पिघला देते तन, मन, प्राण !

हर सुदूर से अस्फुट तान,
आकुल कर पथिकों के कान,
विश्व वेणु के-से झंकार
हम जग के सुख-दुखमय गान
पहुँचाते अनंत के द्वार !

हम नभ की निस्सीम हिलोर
डुबा दिशाओं के दस छोर
नव जीवन कंपन संचार
करते जग में चारों ओर,
अमर, अगोचर, औ' अविकार !

(मार्च, १९२३)

निर्झर गान

शुभ्र निर्झर के झर् झर् पात !
कहाँ पाया वह स्वर्गिक गान ?
शृंग के निर्मल नाद !
स्वरों का यह संधान ?

विजनता का सा विशद विषाद,
समय का सा संवाद,
कर्म का सा अजस्र आह्वान
गगन का सा आह्लाद;
मूक गिरिवर के मुखरित ज्ञान !
भारती का सा अक्षय दान ?

सितारों के हैं गीत महान्
मोतियों के अमूल्य, अम्लान,
फेन के अस्फुट, अचिर, वितान,
ओस के सरल, चटुल, नादान,
आँसुओं के अविरल, अनजान,
बालुका के गतिवान;

कठिन उर के कोमल उद्‌घात !
अमर है यह गांधर्व विधान !

प्रणति में है निर्वाण,
पतन में अभ्युत्थान;
जलद ज्योत्स्ना के गात!
अटल हो यदि चरणों में ध्यान;
शिलोच्चय के गौरव संघात,
विश्व है कर्म प्रधान!

(अगस्त, १६२२)

छाया

कौन, कौन तुम परिहत वसना,
म्लान मना, भू पतिता सी,
वात हता विच्छिन्न लता सी,
रति श्रांता व्रज वनिता सी?

नियति वंचिता, आश्रय रहिता,
जर्जरिता, पद दलिता सी,
धूलि धूसरित मुक्त कुंतला,
किसके चरणों की दासी?

कहो, कौन हो दमयंती सी
तुम तरु के नीचे सोई?
हाय! तुम्हें भी त्याग गया क्या
अलि! नल सा निष्ठुर कोई!

पीले पत्रों की शय्या पर
तुम विरक्ति सी, मूर्छा सी,
विजन विपिन में कौन पड़ी हो
विरह मलिन, दुख विधुरा सी?

गूढ़ कल्पना सी कवियों की
अज्ञाता के विस्मय सी,

ऋषियों के गंभीर हृदय सी,
बच्चों के तुतले भय सी;

भू पलकों पर स्वप्न जाल सी,
स्थल सी, पर, चंचल जल सी,
मौन अश्रुओं के अंचल सी,
गहन गर्त में समतल सी?

तुम पथ श्रांता द्रुपद सुता सी
कौन छिपी हो अलि! अज्ञात
तुहिन अश्रुओं से निज गिनती
चौदह दुखद वर्ष दिन रात?

तरुवर की छायानुवाद सी
उपमा सी, भावुकता सी
अविदित भावाकुल भाषा सी
कटी छँटी नव कविता सी;

पछतावे की परछाईं सी
तुम भू पर छाई हो कौन?
दुर्बलता सी, अँगड़ाई सी,
अपराधी सी भय से मौन!

मदिरा की मादकता सी औ'
वृद्धावस्था की स्मृति सी,
दर्शन की अति जटिल ग्रंथि सी
शैशव की निद्रित स्मिति सी,

आशा के नव इंद्रजाल सी,
सजनि! नियति सी अंतर्धान,
कहो कौन तुम तरु के नीचे
भावी सी हो छिपी अजान?

चिर अतीत की विस्मृत स्मृति सी,
नीरवता की सी झंकार,
आँखमिचौनी सी असीम की,
निर्जनता की सी उद्गार,

परियों की निर्जल सरसी सी,
वन्य देवियाँ जहाँ विहार
करतीं छिप छिप छाया जल में,
अनिल वीचियों में सुकुमार !

तुम त्रिभुवन के नयन चित्र सी
यहाँ कहाँ से उतरी प्रात,
जगती की नेपथ्य भूमि सी,
विश्व विदूषक सी अज्ञात !

किस रहस्यमय अभिनय की तुम
सजनि ! यवनिका हो सुकुमार,
इस अभेद्य पट के भीतर है
किस विचित्रता का संसार ?

निर्जनता के मानस पट पर
—बार बार भर ठंढी साँस—
क्या तुम छिप कर क्रूर काल का
लिखती हो अकरुण इतिहास ?

सखि ! भिखारिणी सी तुम पथ पर
फैला कर अपना अंचल,
सूखे पातों ही को पा क्या
प्रमुदित रहती हो प्रतिपल ?

पत्रों के अस्फुट अधरों से
संचित कर सुख दुख के गान,

सुला चुकी हो क्या तुम अपनी
इच्छाएँ सब अल्प, महान?

कालानिल की कुंचित गति से
बार बार कंपित होकर,
निज जीवन के मलिन पृष्ठ पर
नीरव शब्दों में निर्भर

किस अतीत का करुण चित्र तुम
खींच रही हो कोमलतर,
भग्न भावना, विजन वेदना,
विफल लालसाओं से भर?

ऐ अवाक् निर्जन की भारति,
कंपित अधरों से अनजान
मर्म मधुर किस सुर में गाती
तुम अरण्य के चिर आख्यान!

ऐ अस्पृश्य, अदृश्य अप्सरसि!
यह छाया तन, छाया लोक,
मुझको भी दे दो मायाविनि,
उर की आँखों का आलोक!

ज्योतिर्मय शत नयन खोल नित,
पुलकित पलक पसार अपार,
श्रांत यात्रियों का स्वागत क्या
करती हो तुम बारंबार?

थके चरण चिह्नों को अपनी
नीरव उत्सुकता से भर,
दिखा रही हो अथवा जग को
पर सेवा का मार्ग अमर?

कभी लोभ सी लंबी होकर,
कभी तृप्ति सी हो फिर पीन,
क्या संसृति की अचिर भूति तुम
सजनि ! नापती हो स्थिति हीन ?

श्रमित, तपित अवलोक पथिक को
रहती या यों दीन, मलीन ?
ऐ विटपी की व्याकुल प्रेयसि,
विश्व वेदना में तल्लीन !

दिनकर कुल में दिव्य जन्म पा
बढ़ कर नित तरुवर के संग,
मुरझे पत्रों की साड़ी से
ढँक कर अपने कोमल अंग

सदुपदेश सुमनों से तरु के
गूँथ हृदय का सुरभित हार,
पर सेवा रत रहती हो तुम,
हरती नित पथ श्रांति अपार !

हे सखि ! इस पावन अंचल से
मुझको भी निज मुख ढँककर,
अपनी विस्मृत सुखद गोद में
सोने दो सुख से क्षणभर !

चूर्ण शिथिलता सी अँगड़ा कर
होने दो अपने में लीन,
पर पीड़ा से पीड़ित होना
मुझे सिखा दो, कर मद हीन !

× × × ×

गाओ, गाओ विहग बालिके,
तरुवर से मृदु मंगल गान,
मैं छाया में बैठ तुम्हारे
कोमल स्वर में कर लूँ स्नान !

—हाँ सखि ! आओ, बाँह खोल हम
लग कर गले, जुड़ा लें प्राण,
फिर तुम तम में, मैं प्रियतम में
हो जावें द्रुत अंतर्धान !

(दिसम्बर, १९२०)

शिशु

कौन तुम अतुल, अरूप, अनाम ?
अये अभिनव, अभिराम !

मृदुलता ही है बस आकर,
मधुरिमा छवि, शृंगार ;
न अंगों में है रंग उभार,
न मृदु उर में उद्‌गार;

निरे साँसों के पिंजर द्वार !
कौन हो तुम अकलंक, अकाम ?

कामना-से मा की सुकुमार
स्नेह में चिर साकार;
मृदुल कुड्‌मल-से जिसे न ज्ञात
सुरभि का निज संसार;
स्रोत-से नव अवदात,
स्खलित अविदित पथ पर अविचार;

कौन तुम गूढ़, गहन, अज्ञात ?
अहे निरुपम, नवजात !

वेणु-से जिसकी मधुमय तान
दुरी हो अंतर में अनजान;

विरल उडु-से सरसी में तात!
इतर हो जिसका वासस्थान;
लहर से लघु, नादान,
कंप अंबुधि की एक महान;

विमल हिमजल - से एक प्रभात
कहाँ से उतरे तुम छविमान!

गीति - से जीवन में लयमान,
भाव जिसके अस्पष्ट, अजान;
सुरभि - से जिसे विहान
उड़ा लाया हो प्राण;
स्वप्न - से निद्रित सजग समान,
सुप्ति में जिसे न अपना ज्ञान;
रश्मि-से शुचि रुचिमान
वीचि में पड़ी वितान;

स्वीय स्मिति-से ही हे अज्ञान,
दिव्यता का निज तुम्हें न ध्यान!

खेलती अधरों पर मुसकान
पूर्व सुधि सी अम्लान,
सरल उर की सी मृदु आलाप;
अनवगत जिसका गान;
कौन सी अमर गिरा यह, प्राण!
कौन से राग, छंद, आख्यान?

स्वप्न लोकों में किन चुपचाप
विचरते तुम इच्छा गतिवान!

न अपना ही, न जगत का ज्ञान,
न परिचित हैं निज नयन, न कान;

दीखता है जग कैसा तात !
नाम, गुण रूप अजान ?

तुम्हीं सा हूं मैं भी अज्ञात,
वत्स ! जग है अज्ञेय महान !

(नवम्बर, १९२३)

विसर्जन

अनुपम ! इस सुंदर छवि से
मैं आज सजा लूँ निज मन,
अपलक अपार चितवन पर
अर्पण कर दूँ निज यौवन !

इस मंद हास में बह कर
गा लूँ मैं बेसुर–'प्रियतम',
बस इस पागलपन में ही
अवसित कर दूँ निज जीवन !

नव कुसुमों में छिप छिप कर
जब तुम मधु पान करोगे,
फूली न समाऊँगी मैं
उस सुख से हे जीवन धन !
यदि निज उर के काँटों को
तुम मुझे न पहनाओगे,
उस विरह वेदना से मैं
नित तड़पूँगी कोमल तन !

अवलोक अल्पता मेरी
उपहार न चाहे दो तुम,

पर कुपित न होना मुझ पर
दो चाहे हार दया घन !

तुम मुझे भुला दो मन से
मैं इसे भूल जाऊँगी,
पर वंचित मुझे न रखना
अपनी सेवा से पावन !

× × × ×

मैं सखियों से कह आऊँ–
प्रस्तुत है पद की दासी;
वे चाहें मुझ पर हँस लें
मैं खड़ी रहूँगी सनयन !

(जून, १९१९)

नारी रूप

घने लहरे रेशम के बाल–
धरा है सिर में मैंने, देवि !
तुम्हारा यह स्वर्गिक शृंगार,
स्वर्ण का सुरभित भार !
मलिन्दों से उलझी गुंजार,
मृणालों से मृदु तार;
मेघ से संध्या का संसार
वारि से ऊर्मि उभार;
–मिले हैं इन्हें विविध उपहार,
तरुण तम से विस्तार !

स्नेहमयि ! सुंदरतामयि !
तुम्हारे रोम रोम से, नारि !
मुझे है स्नेह अपार;
तुम्हारा मृदु उर ही, सुकुमारि !
मुझे है स्वर्गागार !
तुम्हारे गुण हैं मेरे गान,
मृदुल दुर्बलता, ध्यान;
तुम्हारी पावनता, अभिमान,
शक्ति, पूजन सम्मान;
अकेली सुन्दरता कल्याणि !
सकल ऐश्वर्यों की संधान !

स्वप्नमयि ! हे मायामयि !
तुम्हीं हो स्पृहा, अश्रु औ' हास,
सृष्टि के उर की साँस;
तुम्हीं इच्छाओं की अवसान,
तुम्हीं स्वर्गिक आभास;
तुम्हारी सेवा में अनजान
हृदय है मेरा अंतर्धान;
देवि ! मा ! सहचरि ! प्राण !

(मई, १९२२)

नक्षत्र

ऐ निशि जाग्रत्, वासर निद्रित,
ऐ अनन्य छबि के समुदय,
स्तब्ध विश्व के अपलक विस्मय,
अश्रु हास, अनिमेष हृदय !

ऐ अनादि के वृत्त अनन्वय,
ऐ आतुर उर के सम्मान !
अब मेरी उत्सुक आँखों से
उमड़ो,–दिवस हुआ अवसान !

ऐ अनंत की अगम कल्पना,
ऐ अशब्द भारति अविषय,
आदि नग्न सौन्दर्य निरामय,
मुग्ध दृष्टि की चरम विजय !

स्वर्ण समय के स्मारक सुखमय,
संसृति के अविदित आख्यान,
अब पिपीलिका के विवरों से
निकलो, हे असंख्य, अम्लान !

ऐ अज्ञात देश के नाविक,
ऐ अनंत के हृत्कंपन,
नव प्रभात के अस्फुट अंकुर,
निद्रा के रहस्य कानन !

ऐ सुखमय तब, आशामय अब,
ऐ मानस लोचन रुचिमान,
जागो हे, हाँ, धीरे, धीरे,
खोलो अलसित पलक सुजान !

ऐ अविदित युग के मुद्राकर,
ऐ विभूति के भग्न भवन,
अहे पुरातन हर्षोज्वल दिन,
ऐ नूतन निशि अश्रु नयन !

ऐ शाश्वत स्मिति, ऐ ज्योतित स्मृति,
स्वप्नों के गति हीन विमान,
गाओ हे, हाँ, व्योम विटप से
गाओ खग ! निज नीरव गान !

ऐ असंख्य भाग्यों के शासक,
ऐ असीम छबि के सावन,
ऐ अरण्य निशि के आश्वासन,
विश्व सुकवि के सजग नयन !

ऐ सुदूरता के सम्मोहन,
ऐ निर्जनता के आह्वान,
काल कुहू, मेरा दुर्गम मग
दीपित कर दो, हे द्युतिमान !

ऐ गभीर गंधर्व साम ध्वनि,
व्योम वेणु के नीरव लय,
सजग दिगंबर के चिर तांडव,
सुप्त विश्व के जीवाशय !

सूर सिन्धु, तुलसी के मानस,
मीरा के उल्लास अजान,

मेरे अधरों पर भी अंकित
कर दो यह स्वर्गिक मुसकान !

अहे अनभ्र गगन के जल कण,
ज्योति बीज, हिमजल के घन,
बीते दिवसों की समाधि हे,
प्रातः विस्मृत स्वप्न सघन !

अग्नि शस्य, रवि के चिह्नित पग,
म्लान दिवस के छिन्न वितान,
कह दो हे शशि के प्रिय सहचर,
निशानाथ दें दर्शन दान !

ऐ नश्वरता के लघु बुद्‌बुद,
काल चक्र के विद्युत् कन,
ऐ स्वप्नों के नीरव चुंबन,
तुहिन दिवस, आकाश सुमन !

नित वसंत, निशि के नंदन वन,
भावी दिवसों के जल यान,
खड़ी कुमुदिनी सी मैं कब से
नयन मूँद करती हूँ ध्यान !

अहे तिमिर चरते शशि शावक,
मूर्छित आतप, शीतानल,
दिवस स्रोत से दलित उपल दल,
स्वप्न नीड़, तम ज्योति धवल !

इंदु दीप से दग्ध शलभ शिशु,
शुचि उलूक, अब हुआ विहान,
अंधकारमय मेरे उर में
आओ, छिप जाओ अनजान !

(मई, १९२२)

सोने का गान

कहो हे प्रमुदित विहग कुमारि,
कहाँ से आया यह प्रिय गान?
तुहिन वन में छाई, सुकुमारि,
तुम्हारी स्वर्ण ज्वाल-सी तान!

उषा की कनक मदिर मुसकान
उसी में था क्या यह अनजान?
भला उठते ही तुमको आज
दिलाया किसने इसका ध्यान!

स्वर्ण पंखों की विहग कुमारि,
अमृत है यह पुलकों का गान!

विटप में थी तुम छिपी विहान,
विकल क्यों हुए अचानक प्राण?...
छिपाओ अब न रहस्य, कुमारि,
लगा यह किसका कोमल बाण?

विजन वन में तुमने, सुकुमारि,
कहाँ पाया यह मेरा गान?
स्वप्न में आकर कौन सुजान
फूंक-सा गया तुम्हारे कान?

कनक कर बढ़ा बढ़ा कर प्रात
कराया किसने यह मधु पान ?
मुझे लौटा दो, विहग कुमारि,
सजल मेरा सोने का गान !

(मार्च, १९२२)

निर्झरी

यह कैसा जीवन का गान
अलि, कोमल कल मल टल मल ?
अरी शैल बाले नादान,
यह अविरल कल कल छल छल ?

झर झर कर पत्रों के पास,
रण मण रोड़ों पर सायास,
हँस हँस सिकता से परिहास
करती हो अलि, तुम झलमल !

स्वर्ण बेलि-सी खिली विहान,
निशि में तारों की-सी यान;
रजत तार-सी शुचि रुचिमान
फिरती हो रंगिणि, रल मल !

दिखा भंगिमय भृकुटि विलास
उपलों पर बहु रंगी लास,
फैलाती हो फेनिल हास,
फूलों के कूलों पर चल !

अलि, यह क्या केवल दिखलाव,
मूक व्यथा का मुखर भुलाव ?
अथवा जीवन का बहलाव ?
सजल आँसुओं की अंचल !

वही कल्पना है दिन रात,
बचपन औ' यौवन की बात;
सुख की या दुख की ? अज्ञात !
उर अधरों पर है निर्मल !

सरल सलिल की-सी कल तान,
निखिल विश्व से निपट अजान,
विपिन रहस्यों की आख्यान,
गूढ़ बात है कुछ कल मल !

(सितम्बर, १९२२)

जीवन यान

अहे विश्व ! ऐ विश्व व्यथित मन !
किधर बह रहा है यह जीवन ?
यह लघु पोत, पात, तृण, रज कण,
अस्थिर–भीरु–वितान,
किधर ?–किस ओर ?–अछोर,–अजान,
डोलता है यह दुर्बल यान ?

मूक बुद्‌बुदों-से लहरों में
मेरे व्याकुल गान
फूट पड़ते निःश्वास समान,
किसे है हा ! पर उनका ध्यान !
कहाँ दुरे हो मेरे ध्रुव !
हे पथ-दर्शक ! द्युतिमान !
दृगों से बरसा यह अपिधान
देव, कब दोगे दर्शन दान !

(अगस्त, १९२३)

बादल

सुरपति के हम ही हैं अनुचर,
जगत्प्राण के भी सहचर;
मेघदूत की सजल कल्पना,
चातक के प्रिय जीवनधर;

मुग्ध शिखी के नृत्य मनोहर,
सुभग स्वाति के मुक्ताकर;
विहग वर्ग के गर्भ विधायक,
कृषक बालिका के जलधर !

जलाशयों में कमल दलों - सा
हमें खिलाता नित दिनकर,
पर बालक-सा वायु सकल दल
बिखरा देता चुन सत्वर;

लघु लहरों के चल पलनों में
हमें झुलाता जब सागर,
वही चील - सा झपट, बाँह गह,
हमको ले जाता ऊपर !

भूमि गर्भ में छिप विहंग-से,
फैला कोमल रोमिल पंख,

हम असंख्य अस्फुट बीजों में
सेते साँस, छुड़ा जड़ पंक;

विपुल कल्पना-से त्रिभुवन की
विविध रूप धर, भर नभ अंक,
हम फिर क्रीड़ा कौतुक करते,
छा अनंत उर में निःशंक !

कभी चौकड़ी भरते मृग-से
भू पर चरण नहीं धरते,
मत्त मतंगज कभी झूमते,
सजग शशक नभ को चरते;

कभी कीश-से अनिल डाल में
नीरवता से मुँह भरते,
वृहद् गृद्ध-से विहग छदों को
बिखराते नभ में तरते !

कभी अचानक, भूतों का-सा
प्रकटा विकट महा आकार,
कड़क, कड़क, जब हँसते हम सब,
थर्रा उठता है संसार;

फिर परियों के बच्चों-से हम
सुभग सीप के पंख पसार,
समुद पैरते शुचि ज्योत्स्ना में,
पकड़ इंदु के कर सुकुमार !

अनिल विलोड़ित गगन सिन्धु में
प्रलय बाढ़-से चारों ओर
उमड़-उमड़ हम लहराते हैं
बरसा उपल, तिमिर, घनघोर;

बात-बात में, तूल तोम-सा
व्योम विटप से झटक, झकोर,
हमें उड़ा ले जाता जब द्रुत
दल बल युत घुस वातुल चोर !

बुद्बुद द्युति तारक दल तरलित
तम के यमुना जल में श्याम
हम विशाल जंबाल जाल-से
बहते हैं अमूल, अविराम;

दमयंती-सी कुमुद कला के
रजत करों में फिर अभिराम
स्वर्ण हंस-से हम मृदु ध्वनि कर,
कहते प्रिय संदेश ललाम !

दुहरा विद्युद्दाम चढ़ा द्रुत,
इंद्रधनुष की कर टंकार;
विकट पटह-से निर्घोषित हो,
बरसा विशिखों-सा आसार;

चूर्ण-चूर्ण कर वज्रायुध से
भूधर को अति भीमाकार
मदोन्मत्त वासव सेना-से
करते हम नित वायु विहार !

स्वर्ण भृंग तारावलि वेष्टित,
गुंजित, पुंजित, तरल, रसाल,
मधुगृह-से हम गगन पटल में,
लटके रहते विपुल विशाल !

जालिक-सा आ अनिल, हमारा
नील सलिल में फैला जाल,

उन्हें फँसा लेता फिर सहसा
मीनों के-से चंचल ब्राल !

व्योम विपिन में जब वसंत-सा
खिलता नव पल्लवित प्रभात,
बहते हम तब अनिल स्रोत में
गिर तमाल तम के-से पात;

उदयाचल से बाल हंस फिर
उड़ता अंबर में अवदात,
फैल स्वर्ण पंखों-से हम भी,
करते द्रुत मारुत से बात !

संध्या का मादक पराग पी,
झूम मलिन्दों-से अभिराम,
नभ के नील कमल में निर्भय
करते हम विमुग्ध विश्राम;

फिर बाड़व-से सांध्य सिन्धु में
सुलग, सोख उसको अविराम,
बिखरा देते तारावलि-से
नभ में उसके रत्न निकाम !

धीरे-धीरे संशय-से उठ,
बढ़ अपयश-से शीघ्र अछोर,
नभ के उर में उमड़ मोह-से
फैल लालसा-से निशि भोर;

इंद्रचाप-सी व्योम भृकुटि पर
लटक मौन चिन्ता-से घोर
घोष भरे विप्लव भय-से हम
छा जाते द्रुत चारों ओर !

पर्वत - से लघु धूलि, धूलि - से
पर्वत बन, पल में, साकार—
काल चक्र – से चढ़ते गिरते
पल में जलधर, फिर जलधार;

कभी हवा में महल बनाकर,
सेतु बाँध कर कभी अपार,
हम विलीन हो जाते सहसा
विभव भूति ही – से निस्सार !

नग्न गगन की शाखाओं में
फैला मकड़ी का - सा जाल,
अंबर के उड़ते पतंग को
उलझा लेते हम तत्काल;

फिर अनंत उर की करुणा से
त्वरित द्रवित होकर, उत्ताल—
आतप में मूर्छित कलियों को
जाग्रत् करते हिम जल डाल !

हम सागर के धवल हास हैं,
जल के धूम, गगन की धूल,
अनिल फेन, ऊषा के पल्लव,
वारि वसन, वसुधा के मूल;

नभ में अवनि, अवनि में अंबर,
सलिल भस्म, मारुत के फूल,
हम ही जल में थल, थल में जल,
दिन के तम, पावक के तूल !

व्योम बेलि, ताराओं की गति,
चलते-अचल, गगन के गान,

हम अपलक तारों की तंद्रा,
ज्योत्स्ना के हिम, शशि के यान;

पवन धेनु, रवि के पांशुल श्रम,
सलिल अनल के विरल वितान,
व्योम पलक, जल खग, बहते-थल
अंबुधि की कल्पना महान!

× × × ×

धूम धुँआरे, काजरकारे,
हम ही बिकरारे बादर,
मदन राज के बीर बहादुर,
पावस के उड़ते फणिधर;

चमक - झमकमय मंत्र वशीकर,
छहर - घहरमय विष सीकर,
स्वर्ग सेतु – से इन्द्रधनुषधर,
कामरूप घनश्याम अमर!

(अप्रैल, १९२२)

स्मृति

(उच्छ्वास की बालिका के प्रति)

आँख में 'आँसू' भर अनजान,
अधर पर धर 'उच्छ्वास',
समाती है जब उर में प्राण !
तुम्हारी सुधि की सुरभित साँस;
डुबा देता है मुझे सदेह
सूर सागर वह स्नेह !

रूप का राशि-राशि वह रास,
दृगों की यमुना श्याम;
तुम्हारे स्वर का वेणु विलास,
हृदय का वृंदा धाम,

देवि, मथुरा था वह आमोद,
दैव ! व्रज, अह, यह विरह विषाद !
आह, वे दिन ! –द्वापर की बात !
भूति –! भारत को ज्ञात !

(नवम्बर, १९२२)

विश्व छवि

मुसकुराते गुलाब के फूल !
कहाँ पाया मेरा बचपन ?–
सुभग, मेरा भोला बचपन ?
ढुलकते हिमजल – से लोचन,
अधखिला तन, अखिला मन;
धूलि में भरा स्वभाव दुकूल,
मृदुल छवि, पृथुल सरलपन;
स्व-विस्मित-से गुलाब के फूल,
तुम्हीं-सा था मेरा बचपन !

रँगीले मृदु गुलाब के फूल !
कहाँ पाया मेरा यौवन ?–
प्राण, मेरा प्यारा यौवन ?
रूप का खिलता हुआ उभार,
मधुर मधु का व्यापार;
चुभे उर में सौ-सौ मृदु शूल,
खुले उत्सुक दृग द्वार;
हृदय ही – से गुलाब के फूल,
तुम्हीं - सा है मेरा यौवन !

सहज प्रमुदित गुलाब के फूल !
कहाँ पाया ऐसा जीवन ?–
सुहृद, ऐसा स्वर्गिक जीवन !

कँटीली जटिल डाल में वास,
अधर आँखों में हास;
झूलना झोंकों के अनुकूल,
हृदय में दिव्य विकास;
सजग कवि-से गुलाब के फूल,
तुम्हीं-सा हो मेरा जीवन !

मलिन, मुरझे गुलाब के फूल !
सुकृति ही है, हाँ, आश्वासन,
सुमन, बस अंतिम आश्वासन !
किया तुमने सुरभित उद्यान,
दिया उर से मधुदान;
मिला है उन्हें आज वह मूल,
लिया जिससे आधान;
स्वप्न ही-से गुलाब के फूल,
नव्य जीवन है आश्वासन !

धूलि धूसर गुलाब के फूल !
यही है पीला परिवर्तन,–
प्रतनु, यह पार्थिव परिवर्तन !
नवल कलियों में वह मुसकान
खिलेगी फिर अनजान;
सभी दुहराएँगी यह गान,–
जन्म का है अवसान;
विश्व छवि-से गुलाब के फूल !
करुण है पर यह परिवर्तन !

(अप्रैल, १९२२)

आकांक्षा

तुहिन बिन्दु बनकर सुंदर
नभ से भू पर समुद उतर,
मा, जब तू सस्मित सुमनों को
आभूषित करती नित प्रात,
ऋतुपति के लीलास्थल में;
मैं न चाहती तब वे कण
हों मेरे मुक्ताभूषण,
पर, मेरे ही स्नेह-करों से
सुमन सुसज्जित हों वे मात,
फूले तेरे अंचल में!

जलद यान में फिर लघुभार,
जब तू जग को मुक्ताहार
देती है उपहार रूप मा,
सुन चातक की आर्त पुकार,
जगती का करने उपकार;

मैं न चाहती तब वह हार
करे, जननि, मेरा शृंगार,
पर मैं ही चातकिनी बनकर
तुझे पुकारूँ बारंबार,
हरने जग का ताप अपार!

(अक्टूबर, १९२२)

बालापन

चित्रकार ! क्या करुणा कर फिर
मेरा भोला बालापन
मेरे यौवन के अंचल में
चित्रित कर दोगे पावन ?

आज परीक्षा तो लो अपनी
कुशल लेखनी की ब्रह्मन् !
उसे याद आता है क्या वह
अपने उर का भाव रतन ?
जब कि कल्पना की तंत्री में
खेल रहे थे तुम, करतार !
तुम्हें याद होगी, उससे जो
निकली थी अस्फुट झंकार ?

हाँ, हाँ, वही, वही, जो जल, थल,
अनिल, अनल, नभ से उस बार
एक बालिका के क्रंदन में
ध्वनित हुई थी, बन साकार;
वही प्रतिध्वनि निज बचपन की
कलिका के भीतर अविकार
रज में लिपटी रहती थी नित,
मधुबाला की-सी गुंजार;

यौवन के मादक हाथों ने,
उस कलिका को खोल अजान,
छीन लिया हा, ओस बिन्दु-सा
मेरा मधुमय, तुतला गान!
अहे विश्वसृज! पुनः गूँथ दो
वह मेरा बिखरा संगीत
मा की गोदी का थपकी से
पला हुआ वह स्वप्न पुनीत!

वह ज्योत्स्ना से हर्षित मेरा
कलित कल्पनामय संसार,
तारों के विस्मय से विकसित
विपुल भावनाओं का हार;
सरिता के चिकने उपलों-सी
मेरी इच्छाएँ रंगीन,
वह अजानता की सुंदरता,
वृद्ध विश्व का रूप नवीन;

अहो कल्पनामय, फिर रच दो
वह मेरा निर्भय अज्ञान,
मेरे अधरों पर वह मा के
दूध से धुली मृदु मुसकान!
मेरा चिन्ता-रहित, अनलसित,
वारि बिम्ब-सा विमल हृदय,
इंद्रचाप-सा वह बचपन के
मृदुल अनुभवों का समुदय;

स्वर्ण गगन-सा, एक ज्योति से
आलिंगित जग का परिचय,
इंदु विचुंबित बाल जलद-सा
मेरी आशा का अभिनय;

इस अभिमानी अंचल में फिर
अंकित कर दो, विधि ! अकलंक,
मेरा छीना बालापन फिर
करुण, लगा दो मेरे अंक !

विहग बालिका का-सा मृदु स्वर,
अर्ध खिले, नव कोमल अंग,
क्रीड़ा कौतूहलता मन की,
वह मेरी आनंद उमंग;
अहो दयामय ! फिर लौटा दो
मेरी पद प्रिय चंचलता,
तरल तरंगों - सी वह लीला,
निर्विकार भावना लता !

धूलभरे, घुँघराले, काले,
भय्या को प्रिय मेरे बाल,
माता के चिर चुंबित मेरे
गोरे, गोरे सस्मित गाल;
वह काँटों में उलझी साड़ी,
मंजुल फूलों के गहने,
सरल नीलिमामय मेरे दृग
अस्त्र - हीन, संकोच सने;

उसी सरलता की स्याही से
सदय, इन्हें अंकित कर दो,
मेरे यौवन के प्याले में
फिर वह बालापन भर दो !
हा ! मेरे बचपन – से कितने
बिखर गए जग के शृंगार !
जिनकी अविकच दुर्बलता ही
थी जग की शोभालंकार;

जिनकी निर्भयता विभूति थी,
सहज सरलता शिष्टाचार,
औ' जिनकी अबोध पावनता
थी जग के मंगल की द्वार !
हे विधि, फिर अनुवादित कर दो
उसी सुधा स्मिति में अनुपम
मा के तन्मय उर से मेरे
जीवन का तुतला उपक्रम !

(मार्च, १६१६)

विश्व व्याप्ति

स्पृहा के विश्व, हृदय के हास !
कल्पना के सुख, स्नेह विकास !
फूल, तुम कहाँ रहे अब फूल ?

अनिल में ? बनकर ऊर्मिल गान,
स्वर्ण किरणों में कर मुसकान,
झूलते हो झोंकों की भूल ?
फूल ! तुम कहाँ रहे अब फूल ?

अवनि में ? बन अशोक का फूल,
बिलम अलि ध्वनि में, लिपटा धूल,
गए क्या मेरी गोदी भूल ?
फूल, तुम कहाँ रहे अब फूल ?

सलिल में ? उछल-उछल, हिल-हिल,
लहरियों में सलील खिल - खिल,
थिरकते, गह-गह अनिल दुकूल ?
फूल, तुम कहाँ रहे अब फूल ?

अनल में ? ज्वाला बन पावन,
दग्ध कर मोह मलिन बंधन,
जला सुधि मेरी चुके समूल ?
फूल, तुम कहाँ रहे अब फूल ?

गगन में ? बन शशि कला शकल,
देख नलिनी - सी मुझे विकल,
बहाते ओस अश्रु या स्थूल ?
फूल, तुम कहाँ रहे अब फूल ?

स्वप्न थे तुम, मैं थी निद्रित,
सुकृत थे तुम, मैं हूँ कलुषित,
पा चुके तुम भव सागर कूल,
फूल, तुम कहाँ रहे अब फल ?

(जुलाई, १९१९)

याचना

बना मधुर मेरा जीवन !
नव-नव सुमनों से चुन-चुनकर
धूलि, सुरभि, मधुरस, हिमकण,
मेरे उर की मृदु कलिका में
भर दे, कर दे विकसित मन !

बना मधुर मेरा भाषण !
वंशी-से ही कर दे मेरे
सरल प्राण औ' सरस वचन,
जैसा - जैसा मुझको छेड़ें,
बोलूँ अधिक मधुर, मोहन !
जो अकर्ण अहि को भी सहसा
कर दे मंत्र - मुग्ध, नत फन,
रोम - रोम के छिद्रों से मा
फूटे तेरा राग गहन !
बना मधुर मेरा तन, मन !

(जनवरी, १९१९)

स्याही का बूँद

गीत लिखती थी मैं उनके,–
अचानक, यह स्याही का बूँद
लेखनी से गिरकर, सुकुमार
गोल तारा - सा नभ से कूद,
सोधने को क्या स्वर का तार
सजनि, आया है मेरे पास ?
अर्ध निद्रित-सा, विस्मृत-सा,
न जागृत-सा, न विमूर्छित-सा,
अर्ध जीवित-सा औ' मृत-सा,
न हर्षित-सा, न विमर्षित-सा,
गिरा का है क्या यह परिहास ?
एकटक, पागल - सा यह आज;
अपरिचित-सा, वाचक-सा कौन
यहाँ आया छिप - छिप निर्व्याज,
मुग्ध-सा, चिन्तित-सा, जड़ मौन,
सजनि, यह कौतुक है या रास !
योग का - सा यह नीरव तार,
ब्रह्म माया का - सा संसार,
सिन्धु - सा घट में,–यह उपहार
कल्पना ने क्या दिया अपार,
कली में छिपा वसंत विकास !

(मई, १९२०)

परिवर्तन

कहाँ आज वह पूर्ण पुरातन, वह सुवर्ण का काल ?
भूतियों का दिगंत छबि जाल,
ज्योति चुंबित जगती का भाल ?

राशि-राशि विकसित वसुधा का वह यौवन विस्तार ?
स्वर्ग की सुषमा जब साभार
धरा पर करती थी अभिसार !

प्रसूनों के शाश्वत शृंगार,
(स्वर्ण भृंगों के गंध विहार)
गूँज उठते थे बारंबार,
सृष्टि के प्रथमोद्गार !
नग्न सुंदरता थी सुकुमार,
ऋद्धि औ' सिद्धि अपार !

अये, विश्व का स्वर्ण स्वप्न, संसृति का प्रथम प्रभात,
कहाँ वह सत्य, वेद विख्यात ?
दुरित, दुख-दैन्य न थे जब ज्ञात,
अपरिचित जरा मरण भ्रू पात !

(२)

हाय ! सब मिथ्या बात !–
आज तो सौरभ का मधुमास
शिशिर में भरता सूनी साँस !

वही मधुऋतु की गुंजित डाल
झुकी थी जो यौवन के भार,
अकिंचनता में निज तत्काल
सिहर उठती,–जीवन है भार !

आज पावस नद के उद्‍गार
काल के बनते चिह्न कराल
प्रात का सोने का संसार;
जला देती संध्या की ज्वाल !

अखिल यौवन के रंग उभार
हड्डियों के हिलते कंकाल;
कचों के चिकने, काले व्याल
केंचुली, काँस, सिवार;
गूँजते हैं सबके दिन चार,
सभी फिर हाहाकार !

(३)

आज बचपन का कोमल गात
जरा का पीला पात !
चार दिन सुखद चाँदनी रात
और फिर अंधकार, अज्ञात !

शिशिर-सा झर नयनों का नीर
झुलस देता गालों के फूल !
प्रणय का चुंबन छोड़ अधीर
अधर जाते अधरों को भूल !

मृदुल होंठों का हिमजल हास
उड़ा जाता निःश्वास समीर;

सरल भौंहों का शरदाकाश
घेर लेते घन, घिर गंभीर !

शून्य साँसों का विधुर वियोग
छुड़ाता अधर मधुर संयोग;
मिलन के पल केवल दो-चार,
विरह के कल्प अपार !

अरे, वे अपलक चार नयन
आठ आँसू रोते निरुपाय;
उठे-रोओं के आलिंगन
कसक उठते काँटों-से हाय !

(४)

किसी को सोने के सुख साज
मिल गए यदि ऋण भी कुछ आज
चुका लेता दुख कल ही ब्याज,
काल को नहीं किसी की लाज !

विपुल मणि रत्नों का छवि जाल,
इंद्रधनु की-सी छटा विशाल–
विभव की विद्युत् ज्वाल
चमक, छिप जाती है तत्काल;

मोतियों जड़ी ओस को डार
हिला जाता चुपचाप बयार !

(५)

खोलता इधर जन्म लोचन
मूँदती उधर मृत्यु क्षण-क्षण;

अभी उत्सव औ' हास हुलास,
अभी अवसाद, अश्रु उच्छ्वास!

अचिरता देख जगत की आप
शून्य भरता समीर निःश्वास,
डालता पातों पर चुपचाप
ओस के आँसू नीलाकाश;
सिसक उठता समुद्र का मन,
सिहर उठते उडगन!

(६)

अहे निष्ठुर परिवर्तन!
तुम्हारा ही तांडव नर्तन
विश्व का करुण विवर्तन!
तुम्हारा ही नयनोन्मीलन,
निखिल उत्थान, पतन!
अहे वासुकि सहस्र फन!
लक्ष अलक्षित चरण तुम्हारे चिह्न निरंतर
छोड़ रहे हैं जग के विक्षत वक्षःस्थल पर!
शत-शत फेनोच्छ्वसित, स्फीत फूत्कार भयंकर
घुमा रहे हैं घनाकार जगती का अंबर!
मृत्यु तुम्हारा गरल दंत, कंचुक कल्पांतर,
अखिल विश्व ही विवर,
वक्र कुंडल
दिङ्मंडल!

(७)

अहे दुर्जेय विश्वजित्!

नवाते शत सुरवर, नरनाथ
तुम्हारे इंद्रासन तल माथ;

घूमते शत-शत भाग्य अनाथ,
सतत रथ के चक्रों के साथ;
तुम नृशंस नृप-से जगती पर चढ़ अनियंत्रित
करते हो संसृति को उत्पीड़ित, पद मर्दित;
नग्न नगर कर, भग्न भवन, प्रतिमाएँ खंडित,
हर लेते हो विभव, कला, कौशल चिर संचित !
आधि, व्याधि, बहु वृष्टि, वात उत्पात, अमंगल,
वह्नि, बाढ़, भूकम्प,—तुम्हारे विपुल सैन्य दल;
अहे निरंकुश ! पदाघात से जिनके विह्वल
हिल-हिल उठता है टल-मल
पद - दलित धरा तल !

(८)

जगत का अविरत हृत्कंपन
तुम्हारा ही भय सूचन
निखिल पलकों का मौन पतन
तुम्हारा ही आमंत्रण !
विपुल वासना विकच विश्व का मानस शतदल
छान रहे तुम, कुटिल काल कृमि-से घुस पल-पल;
तुम्हीं स्वेद-सिंचित संसृति के स्वर्ण शस्य दल
दलमल देते, वर्षोपल बन, वांछित कृषिफल !
अये, सतत ध्वनि स्पंदित जगती का दिङ्मंडल
नैश गगन - सा सकल
तुम्हारा ही समाधिस्थल !

(९)

काल का अकरुण भृकुटि विलास
तुम्हारा ही परिहास;

विश्व का अश्रु - पूर्ण इतिहास
तुम्हारा ही इतिहास !
एक कठोर कटाक्ष तुम्हारा अखिल प्रलयकर
समर छेड़ देता निसर्ग संसृति में निर्भर;
भूमि चूम जाते अभ्र ध्वज सौध, शृंगवर,
नष्ट-भ्रष्ट साम्राज्य—भूति के मेघाडंबर !
अये, एक रोमांच तुम्हारा दिग्भू कंपन,
गिर-गिर पड़ते भीत पक्षि पोतों-से उडुगन;
आलोड़ित अंबुधि फेनोन्नत कर शत-शत फन,
मुग्ध भुजंगम-सा, इंगित पर करता नर्तन !
दिक् पिंजर में बद्ध, गजाधिप-सा विनतानन,
वाताहत हो गगन
आर्त करता गुरु गर्जन !

(१०)

जगत की शत कातर चीत्कार
बेधतीं बधिर, तुम्हारे कान !
अश्रु स्रोतों की अगणित धार
सींचतीं उर पाषाण !

अरे क्षण-क्षण सौ - सौ निःश्वास
छा रहे जगती का आकाश !
चतुर्दिक् घहर - घहर आक्रांति !
ग्रस्त करती सुख-शांति !

(११)

हाय री दुर्बल भ्रांति !—
कहाँ नश्वर जगती में शांति ?
सृष्टि ही का तात्पर्य अशांति !

जगत अविरत जीवन संग्राम,
स्वप्न है यहाँ विराम !

एक सौ वर्ष, नगर उपवन,
एक सौ वर्ष, विजन वन !
—यही तो है असार संसार,
सृजन, सिंचन, संहार !

आज गर्वोन्नत हर्म्य अपार,
रत्न दीपावलि, मंत्रोच्चार;
उलूकों के कल भग्न विहार,
झिल्लियों की झनकार !

दिवस निशि का यह विश्व विशाल
मेघ मारुत का माया जाल !

(१२)

अरे, देखो इस पार—
दिवस की आभा में साकार
दिगंबर, सहम रहा संसार !
हाय, जग के करतार !

प्रात ही तो कहलाई मात,
पयोधर बने उरोज उदार,
मधुर उर इच्छा को अज्ञात
प्रथम ही मिला मृदुल आकार;
छिन गया हाय, गोद का बाल,
गड़ी है बिना बाल की नाल !

अभी तो मुकुट बँधा था माँथ,
हुए कल ही हलदी के हाथ;

खुले भी न थे लाज के बोल,
खिले भी चुंबन शून्य कपोल;

हाय ! रुक गया यहीं संसार
बना सिंदूर अँगार !
वात हत लतिका वह सुकुमार
पड़ी है छिन्नाधार ! !

(१३)

काँपता उधर दैन्य निरुपाय,
रज्जु-सा, छिद्रों का कृश काय !
न उर में गृह का तनिक दुलार,
उदर ही में दानों का भार !

भूंकता सिड़ी शिशिर का श्वान
चीरता हरे ! अचीर शरीर;
न अधरों में स्वर, तन में प्राण,
न नयनों ही में नीर !

(१४)

सकल रोओं से हाथ पसार
लूटता इधर लोभ गृह द्वार;
उधर वामन डग स्वेच्छाचार
नापता जगती का विस्तार !
टिड्डियों - सा छा अत्याचार
चाट जाता संसार !

(१५)

बजा लोहे के दंत कठोर
नचाती हिंसा जिह्वा लोल;

भृकुटि के कुंडल वक्र मरोर
फुहुँकता अंध रोष फन खोल!

लालची गीधों - से दिन रात
नोचते रोग शोक नित गात,
अस्थि-पंजर का दैत्य दुकाल,
निगल जाता निज बाल!

(१६)

बहा नर शोणित मूसलधार,
रुंड मुंडों की कर बौछार,
प्रलय धन - सा घिर भीमाकार
गरजता है दिगंत संहार!

छेड़ खर शस्त्रों की झंकार
महाभारत गाता संसार!

कोटि मनुजों के, निहत अकाल,
नयन मणियों से जटित कराल
अरे, दिग्गज सिंहासन जाल
अखिल मृत देशों के कंकाल;

मोतियों के तारक लड़ हार
आँसुओं के शृंगार!

(१७)

रुधिर के हैं जगती के प्रात,
चितानल के ये सायंकाल;
शून्य निःश्वासों के आकाश,
आँसुओं के ये सिंधु विशाल;

यहाँ सुख सरसों, शोक सुमेरु,
अरे, जग है जग का कंकाल!!

वृथा रे, ये अरण्य चीत्कार,
शांति सुख है उस पार!

(१८)

आह भीषण उद्‌गार !–
नित्य का यह अनित्य नर्तन
विवर्तन जग, जग व्यावर्तन,
अचिर में चिर का अन्वेषण
विश्व का तत्त्वपूर्ण दर्शन !
अतल से एक अकूल उमंग,
सृष्टि की उठती तरल तरंग,
उमड़ शत - शत बुद्‌बुद संसार
बूड़ जाते निस्सार !
बना सैकत के तट अतिवात
गिरा देती अज्ञात !

(१९)

एक छबि के असंख्य उडुगण,
एक ही सबमें स्पंदन;
एक छबि के विभात में लीन,
एक विधि के आधीन !
एक ही लोल लहर के छोर
उभय सुख दुख, निशि भोर;
इन्हीं से पूर्ण त्रिगुण संसार,
सृजन ही है, संहार !
मूँदती नयन मृत्यु की रात
खोलती नव जीवन की प्रात,
शिशिर की सर्व प्रलयकर बात
बीज बोती अज्ञात !
म्लान कुसुमों की मृदु मुस्कान
फलों में फलती फिर अम्लान,

महत् है, अरे, आत्म बलिदान,
जगत केवल आदान प्रदान !

(२०)

एक ही तो असीम उल्लास
विश्व में पाता विविधाभास;
तरल जलनिधि में हरित विलास,
शांत अंबर में नील विकास;
वही उर-उर में प्रेमोच्छ्वास,
काव्य में रस, कुसुमों में वास;
अचल तारक पलकों में हास,
लोल लहरों में लास !
विविध द्रव्यों में विविध प्रकार
एक ही मर्म मधुर झंकार !

(२१)

वही प्रज्ञा का सत्य स्वरूप
हृदय में बनता प्रणय अपार;
लोचनों में लावण्य अनूप,
लोक सेवा में शिव अविकार;
स्वरों में ध्वनित मधुर, सुकुमार
सत्य ही प्रेमोद्गार;
दिव्य सौन्दर्य, स्नेह साकार,
भावनामय संसार !

(२२)

स्वीय कर्मों ही के अनुसार
एक गुण फलता विविध प्रकार;
कहीं राखी बनता सुकुमार,
कहीं बेड़ी का भार !

(२३)

कामनाओं के विविध प्रहार
छेड़ जगती के उर के तार,
जगाते जीवन की झंकार
स्फूर्ति करते संचार;
चूम सुख दुख के पुलिन अपार
छलकती ज्ञानामृत की धार !

पिघल होंठों का हिलता, हास
दृगों को देता जीवन दान,
वेदना ही में तपकर प्राण
दमक, दिखलाते स्वर्ण हुलास !

तरसते हैं हम आठोंयाम,
इसी से सुख अति सरस, प्रकाम;
झेलते निशि दिन का संग्राम,
इसी से जय अभिराम;

अलभ है इष्ट, अतः अनमोल,
साधना ही जीवन का मोल !

(२४)

बिना दुख के सब सुख निस्सार,
बिना आँसू के जीवन भार;
दीन दुर्बल है रे संसार,
इसी से दया, क्षमा औ' प्यार !

(२५)

आज का दुख, कल का आह्लाद,
और कल का सुख, आज विषाद;

समस्या स्वप्न गूढ़ संसार,
पूर्ति जिसकी उसपार
जगत जीवन का अर्थ विकास,
मृत्यु, गति क्रम का ह्रास!

(२६)

हमारे काम न अपने काम,
नहीं हम, जो हम ज्ञात;
अरे, निज छाया में उपनाम
छिपे हैं हम अपरूप;
गँवाने आए हैं अज्ञात
गँवाकर पाते स्वीय स्वरूप!

(२७)

जगत की सुंदरता का चाँद
सजा लांछन को भी अवदात,
सुहाता बदल, बदल, दिनरात,
नवलता ही जग का आह्लाद!

(२८)

स्वर्ण शैशव स्वप्नों का जाल,
मंजरित यौवन, सरस रसाल;
प्रौढ़ता, छाया वट सुविशाल,
स्थविरता, नीरव सायंकाल;

वही विस्मय का शिशु नादान
रूप पर मँडरा, बन गुंजार,
प्रणय से बिंध, बँध, चुन - चुन सार,
मधुर जीवन का मधु कर पान;

साध अपना मधुमय संसार
डुबा देता निज तन, मन, प्राण !

एक बचपन ही में अनजान
जागते, सोते, हम दिनरात;
वृद्ध बालक फिर एक प्रभात
देखता नव्य स्वप्न अज्ञात;

मूँद प्राचीन मरण,
खोल नूतन जीवन !

(२९)

विश्वमय हे परिवर्तन !
अतल से उमड़ अकूल, अपार
मेघ - से विपुलाकार,
दिशावधि में पल विविध प्रकार
अतल में मिलते तुम अविकार !
अहे अनिर्वचनीय ! रूप धर भव्य, भयंकर,
इंद्रजाल सा तुम अनंत में रचते सुंदर;
गरज गरज, हँस हँस, चढ़ गिर, छा ढा भू अंबर,
करते जगती को अजस्र जीवन से उर्वर;
अखिल विश्व की आशाओं का इंद्रचाप वर
अहे तुम्हारी भीम भृकुटि पर
अटका निर्भर !

(३०)

एक औ' बहु के बीच अजान
घूमते तुम नित चक्र समान,
जगत के उर में छोड़ महान
गहन चिह्नों म ज्ञान !

परिवर्तित कर अगणित नूतन दृश्य निरंतर,
अभिनय करते विश्व मंच पर तुम मायाकर !
जहाँ हास के अधर, अश्रु के नयन करुणतर
पाठ सीखते संकेतों में प्रकट, अगोचर;
शिक्षास्थल यह विश्व मंच, तुम नायक नटवर,
प्रकृति नर्त्तकी सुघर
अखिल में व्याप्त सूत्रधर !

(३१)

हमारे निज सुख, दुख, निःश्वास
तुम्हें केवल परिहास;
तुम्हारी ही विधि पर विश्वास
हमारा चिर आश्वास !

ऐ अनंत हृत्कंप ! तुम्हारा अविरत स्पंदन
सृष्टि शिराओं में संचारित करता जीवन;
खोल जगत के शत-शत नक्षत्रों-से लोचन,
भेदन करते अंधकार तुम जग का क्षण-क्षण;
सत्य तुम्हारी राज यष्टि, सम्मुख नत त्रिभुवन,
भूप, अकिंचन,
अटल शास्ति नित करते पालन !

(३२)

तुम्हारा ही अशेष व्यापार,
हमारा भ्रम, मिथ्याहंकार;
तुम्हीं में निराकार साकार,
मृत्यु जीवन सब एकाकार !

अहे महांबुधि ! लहरों-से शत लोक, चराचर,
क्रीड़ा करते सतत तुम्हारे स्फीत वक्ष पर;

तुंग तरंगों से शत युग, शत - शत कल्पांतर
उगल, महोदर में विलीन करते तुम सत्वर;
शत सहस्र रवि शशि, असंख्य ग्रह, उपग्रह, उडुगण,
जलते बुझते हैं स्फुलिंग-से तुममें तत्क्षण;
अचिर विश्व में अखिल, दिशावधि, कर्म, वचन, मन,
तुम्हीं चिरंतन
अहे विवर्तन हीन विवर्तन !

(अप्रैल, १९२४)

छाया काल

स्वस्ति, जीवन के छाया काल !
सुप्त स्वप्नों के सजग सकाल !
मूक मानस के मुखर मराल !
स्वस्ति, मेरे कवि बाल !

तुम्हारा मानस था सोच्छ्वास,
अलस पलकों में स्वप्न विलास;
आँसुओं की आँखों में प्यास,
गिरा में था मधुमास !
बदलता बादल - सा नित वेश
तुम्हारा जग था छाया शेष;
निशा, अपलक नक्षत्रोन्मेष,
दिवस, छवि का परिवेश !

दिव्य हो भोला बालापन,
नव्य जीवन, पर, परिवर्तन,
स्वस्ति, मेरे अनंग नूतन !
पुरातन मदन दहन !

(दिसम्बर, १९२५)